# 모솔학개론

## 모술학개론

**초판 1쇄** 2025년 10월 22일
**지은이** 김현민 | **펴낸이** 송영화 | **펴낸곳** 굿웰스북스 | **총괄** 임종익
**등록** 제 2020-000123호 | **주소** 서울시 마포구 양화로 133 서교타워 711호
**전화** 02) 322-7803 | **팩스** 02) 6007-1845 | **이메일** gwbooks@hanmail.net
ⓒ 김현민, 굿웰스북스 2025, *Printed in Korea*.
ISBN 979-11-7099-043-7 03190 | 값 **19,000원**

※ 파본은 구입하신 서점에서 교환해드립니다.
※ 이 책에 실린 모든 콘텐츠는 굿웰스북스가 저작권자와의 계약에 따라 발행한 것이므로 인용하시거나 참고하실 경우 반드시 본사의 허락을 받으셔야 합니다.

※ **굿웰스북스**는 당신의 풍요로운 미래를 지향합니다.

모솔학개론
# Mosology

김현민 지음

**사랑으로부터 도망친 남자,
다시 사랑 앞에 서다**

굿웰스북스

*Prologue*

# 사랑받지 못한 남자가
# 사랑받지 못한 남자들에게

*"다시 너희에게 말하노니 낙타가 바늘귀로 들어가는 것이 부자가 하나님의 나라에 들어가는 것보다 쉬우니라 하시니."*

*- 마가복음, 19장 24절*

문명이 생겨난 이래 강자와 약자는 늘 존재해왔다. 강자는 약자가 가진 것을 빼앗고 그들의 여인들을 유린하였으며 자식들은 죽이거나 종으로 부렸다. 하지만 그 시절에도 빛은 있었다. 소외되고 억압받는 이들, 가난하고 힘없는 이들에게 위로가 되어주던 존재가 있었다. 그건 신이었다. 지상에서는 가장 비천하고 약한 자였으나 천상에서는 가장 고귀한 자였던 예수 그리스도처럼 그들도 신의 가르침에 따라 선을 행하면 언젠가 젖과 꿀이 흐르는 낙원에 가게 될 거라는 희망을 가질 수 있었다.

그런데 그게 사라졌다. 아무도 신을 믿지 않게 되었다. 선을 행한다고 복을 받지도, 악을 행한다고 벌을 받지도 않는다는 걸, 천당도 지옥도 없고 죽으면 그저 썩어 없어질 뿐이라는 걸 모두가 알게 되었다.

> "이들(저자주: 가난한 이들)은 평생 히치하이커로 살아간다. 이들은 스스로 체제의 희생자라고 믿으며 정부(또는 다른 기관)가 자기들을 위해 더 많은 일을 해야 한다고 믿는다. 이들은 인생이 자기에게 너무 가혹하다고 믿는다. 이들은 세상을 편하게 살게 해 주겠다고 약속하는 정치인이라면 누구든 뽑아 준다."
>
> - 엠제이 드마코, 『부의 추월차선』

영적 가치는 사라지고 세속적 가치만이 남은 세계에서, 이제는 세속적 지위가 그 사람의 영적 가치마저도 대변하게 되었다. 성공한 이들은 흔히 노력을 강조한다. 자기처럼 노력하고 도전하기만 하면 누구나 자기처럼 될 수 있다고 말한다. 하지만 세상사가 그렇지 않다. 누구보다 치열하게 노력하고 도전했지만 좋은 조력자를 만나지 못해서, 시기를 잘못 타서, 혹은 그냥 운이 없어서 빛을 보지 못한 사람들이 너무나 많다. 하지만 성공한 이들은 그렇게 말하지 않는다. 그냥 자기가 잘나서 잘 된 거라고 한다. 한 편의 소년 만화처럼 단순 명쾌하고 낙관적인 그들의 성공 서사 속에서 그들만큼의 사회적, 경제적 성취를 이루지 못한 사람들은 졸지에 나태하고 용기 없는 인간, 자신의 삶을 개선할 의지도 능력도 없는 인간 취급을 받는다. 이제 가난한 자들은 추위와 배고픔뿐만이 아니라 게으르고 무책임한 비겁자들이라는 비난까지 감내해야 한다.

> "널 사랑해. 눈을 감아도
> 단 한 번만 볼 수 있다면
> 하늘이여 내 모든 걸 가져가.
> 미련 없이 이 세상 떠나갈게. 안녕."
>
> - 플라워, <Endless>

사랑에 있어서도 비슷한 일이 생겼다. 인기 없고 지질한 남자들은 늘 있었다. 하지만 그 시절에도 마치 예수의 가르침처럼, 외롭고 소외된 이들에게 위로가 되어주던 목소리들은 있었다. 그건 90년대의 락발라드였다. 쇳소리가 날 것만 같은 처절한 음색으로 "네가 없는 세상에서는 살아봐야 의미가 없어!", "다음 세상에 다시 태어나도 나는 너만을 사랑하겠어!"라고 절규하는 90년대 로커들의 음악을 들으며 그들은 '나는 진짜 사랑을 하고 있어.', '언젠가는 너도 내 마음을 알아줄 날 있을 거야.' 하며 스스로를 위로할 수 있었다.

하지만 지금은 달라졌다. TV를 틀면 일반인 연애 예능이라면서 인스타 팔로워가 수만 명에 달하는 근육질의 남자와 쭉쭉빵빵한 여자들, 1년에 수억을 번다는 의사와 연 매출이 수십억이라는 사업가들이 나온다. 유튜브를 켜면 픽업 아티스트라는 사람들이 나와서 실은 너희들도 섹스를 하고 싶을 뿐이지 않냐며, 너희들은 착한 남자가 아니라 남자로서의 매력과 카리스마가 없으니 착한 척이라도 해서 여자의 환심을 사보려는 위선자들일 뿐이라며 조롱해댄다. 이제 인기 없는 남자들은 여자들로부터 만이 아니라 자기 자신으로부터도 단절되어야 한다. 키가 작고 얼굴이 못나고 돈이 없을지언정 마음만은 진짜라는 마지막 자존심마저 버려야 한다.

그래서 이 책을 썼다. 나는 연애를 잘하는 남자가 아니다. 오히려 못하는 축에 속한다. 그러니 당신들에게 해줄 조언 같은 건 딱히 없다. 여자를 유혹하는 법? 매력적인 남자가 되는 법? 나도 잘 모른다. 하지만 나는 당신들을 안다. 사랑받지 못한다는 것이 어떤 의미인지 안다. 아무도 봐주지 않는 구석진 곳에 홀로 외로이 서 있는 게, 세상 누구도 나의 진짜 모습을 알아주려 하지 않는다는 게, 끊임없이 자기의 존재 가치를 의심해야 한다는 게 얼마나 비참한 일인지 안다. 나는 당신들이고, 당신들은 나다.

세상의 모든 찐따와 모태솔로, 도태남들에게 이 글을 바친다.

**Prologue**

사랑받지 못한 남자가 사랑받지 못한 남자들에게     4

### 1장) 모태솔로란 무엇인가?

1 광의의 모솔 vs 협의의 모솔     15

2 연애를 안 해본 모솔 vs 연애를 못 해본 모솔     20

3 여자 모솔 vs 남자 모솔     23

4 차여서 모솔 vs 차이지도 못해서 모솔     31

### 2장) 모솔 탈출, 꼭 해야 하는 걸까?

1 사랑받지 못한 남자는 세상 앞에 당당할 수 없다     39

2 사랑받지 못하는 남자는 자신을 사랑할 수도 없다     45

3 사랑받지 못하는 남자를 구해줄 평강 공주는 없다     58

### 3장) 모솔은 왜 연애에 실패하는가?

1 키, 외모, 조건. 대체 뭐가 문제일까?

— 1 잘생기기만 한 남자 vs 못생겼지만 다 가진 남자     71

— 2 185cm 100kg 근육맨 vs 175cm 60kg 아이돌     83

— 3 무일푼 차은우 vs 100억 자산 유병재     91

— 4 연봉 2억 의사 vs 연봉 5억 불법 사채업자     95

## 2 모솔들을 향한 조언들. 어디까지 진실일까?

— 1 여사친들이 말하지 않는 것들     101

— 2 픽업 아티스트들이 말하지 않는 것들     117

— 3 페미니스트들이 말하지 않는 것들     159

### 4장  모솔 탈출, 지금 당장 무엇부터 할 것인가?

#### 1 존잘남도, 전문직도 아닌 우리, 사랑받을 수 있을까?

— 1 못생겨도 되지만, 더러우면 안 된다     195

— 2 중소기업도 괜찮지만, 백수는 안 된다     200

#### 2 자만추와 인만추, 좋은 여자는 어디서 만날 수 있을까?

— 1 자만추: CC에서 사내 연애까지     207

— 2 인만추: 소개팅에서 나는 솔로까지     221

#### 3 남들 다 하는 연애, 왜 우리한테만 어려운 걸까?

— 1 밀당하지 마라, 연애는 원래 남자가 져주는 법이다     259

— 2 돈은 네가 내라, 원래 목마른 놈이 우물을 파는 거다     266

— 3 그냥 잘해줘라, 아버지도, 형도, 친구들도 다 그렇게 했다     273

### Epilogue

그래도 인연은 있다     277

( 1장 )

## 모태솔로란
## 무엇인가?

모 솔 학 개 론
Mosology

"너 모솔 아니잖아?"

 이 책을 만들겠다고 했을 때 주변에서 가장 많이 들었던 이야기다. 그렇다. 나는 모솔이 아니다. 그런데, 모솔이 아닌 사람이 모솔에 대한 책을 쓰면 안 되는가? 취업을 한 사람이 취업준비생들을 위한 책을 쓰고, 결혼을 해본 사람이 미혼자들을 위한 책을 쓰는 건 아무도 이상하게 생각하지 않는데 왜 연애를 해본 사람이 모태솔로에 대한 글을 쓰는 건 이상하다고 생각하는가?
 사람들은 모태솔로가 우리와는 근본석으로 다른, 열등한 존재라고 생각한다. 못생겼거나, 직업이 안 좋거나, 사회성에 치명적 결함이 있어서 연애를 하지 못하는 거라고 생각한다.
 하지만 그렇지 않다. 모솔이나 우리나 사실은 별반 다를 게 없다. 취업을 했다고 평생 돈 걱정 없이 살 수 있는 게 아니고, 결혼을 했다고 해서 화목한 가정을 꾸릴 수 있는 게 아니고, 아이를 낳았다 해서 온전한 인격체로 그 아이를 길러 낼 수 있는 게 아니듯, 연애를 해봤어도 사랑은 여전히 어렵다. 연애를 해본 우리라고 그들보다 우월한 게 아니고, 연애를 못해본 그들이라고 우리보다 열등한 게 아니다.

  이 책을 읽고 있는 당신은 모태솔로일 수도, 아닐 수도 있다. 하지만 그건 중요치 않다. 어차피 사랑은 누구에게나 어렵기 때문이다. 모태솔로라는 개념에 매몰되기보다 사랑 때문에 힘들어하고 있는 평범한 사람들의 이야기로 읽어주었으면 한다. 그러면 그 안에서 나 자신의 모습을 발견해낼 수 있을 것이다.

**1**

## 광의의 모솔 vs 협의의 모솔

박지선: 다음은 지금껏 단 한 차례도 남자와 말을 섞어본 적이 없는 우리 오나미 성녀님의 말씀 한 번 들어보도록 하겠습니다.
오나미: 안녕하세요? 저는 엄마 뱃속에서부터 솔로인 모태솔로 오나미입니다.

- <개그콘서트> '솔로천국 커플지옥' 中 2010.01.10

  모솔이란 무엇인가. 모태솔로의 준말이다. 모태, 엄마 뱃속에서부터 지금까지 쭉 솔로인 사람, 태어나서 한 번도 연애를 해보지 못한 사람을 모솔이라고 한다. 이 글을 읽는 사람 중 이걸 모르는 사람은 아마도 없을 것이다.
  하지만 여기서는 모태솔로의 기준을 조금은 더 유연하게 적용할 것이다. 연애를 해봤더라도, 심지어는 마음만 먹으면 언제든 연애를 할 수 있을 정도로 매력적인 남자라도 상관없다. 그밖에 누구라도 모솔이 될 수 있다. 모솔이 아니더라도, 사랑은 누구에게나 어렵기 때문이다.

최근 연애 못하는 남자에 대한 관심이 늘어나고 있다. 마음을 줄 듯 말 듯 애간장을 녹이면서 여자들을 피 말리게 만드는 알파남이 아니라 착실하고 헌신적이며 순수한 너드남을 만나고 싶다는 여자들이 생겨나고 있다. 특히 일반인을 대상으로 한 데이팅 예능들이 우후죽순 생겨나면서 모태솔로의 연애를 소재로 한 콘텐츠들도 인기를 끌고 있다. 연애 버라이어티의 원조라 할 수 있는 〈나는 솔로〉의 모태솔로 특집을 필두로 하여 넷플릭스에서는 아예 모태솔로들을 전면에 내세운 〈모태솔로지만 연애는 하고 싶어〉라는 프로그램도 방영되었다.

하지만 그들의 사랑을 우리가 하는 사랑처럼 진지하고 온전한 것으로 바라보는 사람들은 많지 않아 보인다. 사람들은 화면에 나오는 모태솔로들의 어설픈 행동을 보며 마치 육아 예능에 나오는 어린이들의 엉뚱하고 순수한 모습을 볼 때처럼 깔깔댄다. 저러니까 연애를 못 하는 거라며 비웃기도 한다. 그들이 누군가를 몇 년 동안 짝사랑했던 이야기나, 일주일 남짓 짤막한 연애를 했던 이야기를 꺼내기라도 하면 "일주일? 손도 못 잡았다고? 사귄 것도 아니네?", "혼자 짝사랑했으면 무슨 의미가 있어? 아무것도 안 한 거나 마찬가지잖아!" 하면서 그들의 사랑을 우리의 사랑과는 다른 가볍고 유치한 것으로 치부해 버린다.

그런데 정말로 그러한가? 연애를 모른다고 해서 사랑을 모른다고 할 수 있나? 독일의 대문호 괴테가 쓴 『젊은 베르테르의 슬픔』은 문학사에 길이 남을 명작이다. 너무나도 순수하고 절절했던 베르테르의 사랑에 감명받은 당대 젊은이들이 소설 속 베르테르처럼 권총 자살을 해서 사회적 문제가 될 정도였다. 그런데 막상 읽어보면 별 내용이 없다. 현실 감각 없고 예민하며 유약한 심성을 가진 한 청년이 약혼자가 있는 여자를 짝사랑하다가 혼자 멘탈이 터져서 권총으로 자살하는 이야기다. 팩트만 놓고 본다면 소설 속 베르테르와 로테는 아무 사이도 아니었다. 두 사람은 함께 호캉스나 해외여행을 가지도 못했고, 에르메스 명품 백을 주고받지도 못했고, 1인분에 30만 원씩 하는 오마카세 식당에 가지도 못했다. 그의 사랑은 그저 뇌내망상일 뿐이었다. 그런데 그 구질구질하고 질척거리는 사랑이 수백 년 후 현대인들에게까지 울림을 주는 건 무엇 때문인가? 연애를 잘하는 것과 진실한 사랑을 하는 건 아무 상관이 없기 때문이다. 진심으로 사랑한다고 다 이루어지는 게 아니듯, 이루어지지 않았다고 해서 진실한 사랑이 아니라 할 수는 없다.

반대도 성립한다. 연애를 못 해봤다고 사랑도 모르는 게 아니듯, 연애를 해봤다고 사랑을 알게 되는 것도 아니다. 당장 나 자신부터 그렇다. 나는 모솔이 아니다. 연애를 해봤다.

짧게도 해보고 길게도 해봤다. 하지만 여전히 연애가 어렵다. 사랑이 뭔지 하나도 모르겠다. 나에게 호감을 갖고 있는 여자를 만나면 모든 게 쉽다. 내가 무슨 말을 해도 웃으며 받아주고 어딜 가자고 해도 흔쾌히 따라와 주니 모든 게 일사천리다. 하지만 재미가 없다. 이미 결말을 알고 있는 영화처럼 뻔하고 지루하다. 충분히 매력적인 사람인데도 나에게 호감을 갖고 있다는 이유로 그 장점들을 평가절하하게 된다. 상대방에게도 똑같은 일이 일어난다. 내가 먼저 연락해서 안부를 물어주고 만나자고 하면 재미없어한다. 답장이 오는 간격이 길어지고 내용은 성의 없어진다. 불안한 마음에 여자의 마음을 돌리려 애쓰지만 이미 늦었다. 불안감을 느낀 순간, 이 관계에서 내가 을이라는 걸 깨달은 순간 이미 말려든 거다. 여자는 자기 앞에서 시종처럼 절절매는 남자에게서는 어떤 흥미도 욕망도 느끼지 못한다. 그런 식이다. 네가 좋으면 내가 싫고 내가 좋으면 네가 싫다. 결국 누구도 행복해지지 못한다. 아마 세상에서 가장 잘생기고 몸 좋고 돈 많고 잘 노는 남자라고 해도 별수 없을 것이다. 그에게는 세상 가장 예쁘고 섹시하고 쭉쭉빵빵한 여자도 지겨울 테니. 그런 그조차도 그가 정말로 갈망하는 여자 앞에서는 그가 가진 매력들을 온전히 펼쳐 보이지 못할 테니.

그런 의미에서라면 우리는 모두 모솔이다. 연애를 해봤건 못 해봤건, 잘났건 못났건 중요하지 않다. 사랑받지 못한다는 게 어떤 의미인지 안다면, 아무도 쳐다보지 않는 구석진 곳에 홀로 외로이 서 있어 본 적이 있다면, 어쩌면 나는 이 세상 누구에게서도 온전한 사랑을 받을 수 없는 운명을 타고난 존재일지 모른다는 생각을 해봤다면 우리는 모두 모태솔로다.

그렇기 때문에 나는 연애를 못 해본 남자들을 웃음거리로 삼지 않을 것이다. 팩폭[1]이랍시고 그들에게 섣부른 조언을 하지도 않을 것이다. 대신 나 자신에 대한 이야기를 할 것이다. 사랑으로부터 버림받았을 때 나는 무엇을 느꼈는지, 그 기억들이 나를 어떻게 움츠러들게 만들었는지, 그 아픔을 딛고 다시 사랑에 도전하기 위해 나는 어떤 것들을 하고 있는지에 대해 이야기할 것이다. 손발이 오그라들 것만 같은 모솔남들의 흑역사들을 보며 낄낄댈 생각으로 책장을 펼쳤다면 당장 덮어도 좋다. 하지만 당신이 '진짜'라면, 사랑 앞에 모든 것을 내던질 준비가 된 뜨거운 사나이라면 아마 그럴 수 없을 것이다.

---

[1] 팩트폭격의 준말. 논리적으로는 옳지만 감정적으로는 상대방에게 상처를 줄 수 있는 직설적인 말을 의미한다.

## 2

## 연애를 안 해본 모솔 vs 연애를 못 해본 모솔

　모솔에는 자의적 모솔과 타의적 모솔이 있다. 자의적 모솔은 연애를 하려면 충분히 할 수 있지만 연애를 하고 싶은 마음이 없어서 안 한 사람들을, 타의적 모솔은 연애를 하고 싶지만 성적 매력이 부족하거나 현실적 여건이 따라주지 않아서 연애를 하지 못한 사람들을 가리킨다.
　이 글에서는 타의적 모솔, 즉 연애를 '못' 해본 이들만의 문제만을 다루기로 한다. 물론 연애를 일부러 하지 않는 자의적 모솔들에게도 나름의 고충은 있을 것이다. 남녀 간의 사회적 갈등이 심화되면서 이성에 대해 막연한 반감을 갖게 된 이들도 있을 것이고, 일이나 자기 계발에 몰두하느라 연애를 뒷전으로 미뤄둔 이들도 있을 것이고, 단순히 자기 눈에 차는 상대가 없어서 연애를 안 하는 이들도 있을 수 있다.
　하지만 이들의 문제는 비교적 단순하다. 선택의 문제기 때문이다. 우리는 살아가는 매 순간 선택을 한다. 자장면을 먹을지 짬뽕을 먹을지 하는 간단한 선택에서부터, 직장을 옮길지 말지, 어느 지역에 살지, 누구와 결혼을 할지와 같이 삶에 보다 큰 영향을 미칠 수 있는 선택에 이르기까지 다양한 선택을 한다. 그 기준은 행복이다. 돈이 많아야 행복해질 수 있다고 믿는 사람이라면 출퇴근 거리가 멀고 야근이 잦더라도 돈을 많이 주는 직장을 택할 것이다. 반면에, 돈보다는 가족과 보내는 시간이 중요하다고 생각하는 사람이라면 연봉이 적더라도 근무 강도가 낮은 직장을 택할 것이다. 돈을 적게 벌더라도 적성에 맞는 일을 하며 살고 싶은 사람이라면 대학에서 전공을 택할 때 적성을 제일 먼저 고려할 것이고, 돈을 많이 벌고 사회적으로 성공하고 싶은 사람이라면 취업률을 고려할 것이다. 거시 경제 트렌드를 잘못 예측할 수도, 나와 잘 맞는 짝을 알아보지 못할 수도, 혹은 나 자신을 제대로 이해하지 못해서 잘못된 선택을 할 수도 있으나 그 순간조차도 우리는 우리 자신의 행복을 극대화할 수 있는 선택지를 고르기 위해 고심한다.

그렇기 때문에 자의적 모솔은 큰 문제가 되지 않는다. 그들은 이미 행복하기 때문이다. 자의적 모솔들은 연애를 하지 않길 택한 사람들이다. 그런 선택을 한 이유는 간단하다. 연애를 안하는 게 더 행복하다고 생각했기 때문이다. 연애를 할 시간에 고양이를 돌보거나 방에서 넷플릭스를 보거나 해외여행을 다니면서 자기만의 행복을 만들어가는 게 더 낫다고 생각했기 때문이다. 그러니 그들은 알아서 잘 살 것이다. 그들에게는 아무 문제가 없다. 혹시라도 생각이 바뀌면 그때라도 연애를 하면 된다. 그들은 연애를 하려면 언제든 할 수 있지만 스스로의 의지로 연애를 하지 않길 택한 자의적 모솔이기 때문이다.

하지만 타의적 모솔은 다르다. 그들은 연애를 하고 싶은 사람들이다. 혼자만의 삶보다 누군가와 더불어 사는 삶이 더 행복할 거라고 믿는 사람들이다. 하지만 못생겨서, 키가 작아서, 돈이 없어서, 혹은 그밖에 어떤 이유로 연애를 하지 못하고 있는 사람들이다. 그러니 그들은 불행할 것이다. 그들의 이야기를 들어줄, 그들과 뺨을 맞대어줄, 그들이 이 세상에서 존중받을 만한 가치가 있는 존재라고 믿게 해줄 누군가를 애타게 기다리고 있을 것이다.

그렇기 때문에 우리는 타의적 모솔에 대해 이야기할 것이다. 그들이 왜 연애를 못 하는지, 연애를 하려면 어떻게 해야 할지에 대해 논할 것이다.

## 3

# 여자 모솔 vs 남자 모솔

  모솔은 당연히 여자일 수도 있고, 남자일 수도 있다. 하지만 이 책에서는 남자 모솔에 대해서만 다루기로 한다.

  여자 모솔과 남자 모솔은 입장이 다르기 때문이다. 여자 모솔은 대체로 자의적 모솔이다. 여자들 중에서는 자기 좋다는 남자가 있지만 그 남자가 눈에 차지 않아서 연애를 하지 않은 이들은 있어도 정말 아무 남자라도 만나고 싶은데 그조차도 여의치가 않아서 연애를 못 한 이들은 거의 없다.

  여자는 마음만 먹으면 남자보다 훨씬 쉽게 연애를 할 수 있기 때문이다. 당신이 여자라면 아마 그렇게 생각하지 않을 것이다. 여자들도 연애가 어렵다고 주장할 것이다. 여자라고 원하는 남자를 늘 사귈 수 있는 건 아니라고, 당신들도 거절당해본 적 있고 짝사랑도 해본 적 있다고 할 것이다.

  물론 맞는 말이다. 여자들도 거절을 당한다. 헤어진 사람을 잊지 못하기도 하고, 짝사랑을 하기도 한다. 어쩌면 당신들 말대로 여자의 연애가 남자의 연애보다 더 어려울 수도 있다. 그리고 무엇보다, 나는 남자다. 여자로 살아본 적이 없다. 그러니 여자로 살아간다는 게 어떤 건지 모른다. 그런 주제에 여자는 언제든 원할 때 연애를 할 수 있다고 단언하는 건 어쩌면 잘 알지도 못하는 타인의 고통을 내 잣대로 평가하는 오만한 짓거리일지 모른다.

그런 생각이 든다면 "목마른 놈이 우물 판다."라는 속담을 떠올려보면 된다. 무언가를 더 간절하게 원하는 쪽이 그걸 얻기 위해 능동적으로 움직이게 마련이라는 것이다. 제약업계를 예로 들어보자. 제약회사와 병원은 비즈니스 파트너다. 약을 처방해 줄 병원이 없으면 제약회사는 매출을 낼 수 없고, 약을 공급해 줄 제약회사가 없으면 병원은 환자들을 치료할 수 없다. 둘은 공생 관계다. 서로가 없으면 망한다. 그렇기에 둘은 논리적으로는 평등하다. 하지만 현실은 그렇지 않다. 영업 사원은 의사에게 최선을 다해서 맞춰준다. 의사를 만나기 위해 환자 대기실에 하염없이 앉아 기다리기도 하고, 정치나 종교와 같은 민감한 이야기를 해도 최대한 호응해 준다. 주말에 시간을 내서 같이 골프를 치러 가거나 자녀 등하교를 시켜주기도 한다. 하지만 의사는 영업 사원을 위해 그렇게 해주지 않는다. 젊은 세대일수록 비교적 평등한 분위기로 변해가고 있고, 진료과목에 따라, 개인에 따라 차이가 있긴 하나 영업 사원은 의사에 비해 분명한 을이다. 왜일까? 절실함의 차이다. 병원의 입장에서는 약 한 번만 써달라며 찾아오는 영업 사원들이 하루에도 수십 명이니 꼭 그 제약회사의 약을 써줄 필요가 없지만, 영업 사원은 그 병원에 약을 팔지 못하면 그만큼 매출이 줄어들고, 성과급도 못 받게 되기 때문이다.

명절에 자식이 부모를 찾아가면 부모는 며칠 전부터 장을 보고 음식을 준비해서 자식을 대접한다. 명절이 지나고 집으로 돌아가는 길에 자식은 괜찮다며 한사코 손사래를 치지만 부모는 어떻게 해서든 밑반찬과 생필품, 용돈을 챙겨주려 한다. 하지만 자식은 그렇게 하지 않는다. 돈을 들여서 근사한 식당에 데려갈지언정 자기의 시간과 노력을 투자해서 부모를 대접하려 하진 않는다. 왜겠는가? 자식이 부모를 위하는 마음보다 부모가 자식을 위하는 마음이 더 크기 때문이다. 부모가 죽어도 자식은 금방 잊고 제 삶을 살아가지만 자식이 죽으면 평생 잊지 못하고 괴로워하는 게 부모 마음이기 때문이다.

그렇다면 남녀 관계에서는 어떠한가? 누가 더 적극적으로 행동하나? 남자다. 상대방에게 먼저 연락처를 물어보는 것도, 만나자고 연락을 하는 것도, 비싼 선물이나 근사한 저녁 식사로 상대방의 환심을 사려 드는 것도, 고백을 하는 것도,

스킨십을 시도하는 것도 대부분 남자다. 나이트클럽이나 헌팅 포차 같은 남녀 간의 만남을 위한 장소에 나가봐도 대부분을 차지하는 건 남자다. 여자 손님들에게 술이나 안주 서비스를 줘도, 심지어는 현금을 준다고 해도 여자들은 이런 곳에 잘 출몰하지 않는다. 소개팅 어플 가입자도, 동호회에도 남자가 여자보다 훨씬 많다. 단순 사교 목적의 동호회라면 말할 것도 없고, 독서나 운동, 영화 관람 등 특정한 활동을 중심으로 하는 동호회에도 남자가 더 많다. 여자들은 번화가를 걷다 남자들에게 헌팅을 당하거나 술집에서 합석을 제안받은 경험이 흔히 있지만 남자들은 키가 크고 잘생기고 몸 좋고 돈까지 많은 최상위 포식자 급이 아니라면 이런 경험을 해볼 일이 없다. 만약 나처럼 평범한 외모와 체격, 스펙을 가진 남자에게 여자가 먼저 번호를 물어오고 연애를 하자며 고백을 해온다면 그건 죽을 때까지 두고 우려먹을 자랑거리가 될 것이다.

이 불균형으로 인해 여자는 남자보다 많은 선택의 자유를 누릴 수 있다. 산술적으로 남자와 여자의 비율은 50 대 50이지만 연애 시장에서는 그렇지 않다. 남자들은 눈을 낮추고 취향을 타협해서라도 여자를 만나려 하지만 여자는 정말 마음에 드는 남자가 아니라면 굳이 만나려 하지 않는다. 애매한 남자를 만나느니 차라리 집에서 고양이랑 놀길 택한다. 여자들에게 있어 절반 이상의 남자들은 고양이만도 못한 존재다. 연애 시장에서 남자와 여자의 실질적인 성비는 50 대 50이 아니다.

그렇기 때문에 여자는 마음만 먹으면 남자보다 훨씬 쉽게 연애를 할 수 있다. 직업이 없어도, 빚이 있어도, 성격이 괴팍해도 자기 좋다는 남자가 하나쯤은 있게 마련이다. 그 남자가 자기 눈에 안 차는 게 문제지, 남자가 없는 게 문제일 수는 없다. 그런데도 연애 경험이 한 번도 없다면 그건 연애를 못 한 게 아니다. 안 한 거다.

이렇게 말하면 또 여자들 중에서도 연애를 하고 싶은데 다가오는 남자가 정말로 한 명도 없어서 하지 못하는 여자들도 있다며 볼멘소리를 할 여자들이 있을 것이다. 하지만 그건 그렇게 심각한 문제가 아니다. 살을 빼면 해결된다. 걸그룹이나 모델처럼 빼라는 게 아니다. 키에서 몸무게를 뺀 값이 100만 넘으면 된다. 키가 160cm라면 60kg만 안 넘으면 된다.[2] 그리고 집 밖으로 나가라. 동호회도 가보고, 친구들 따라서 클럽에도 가봐라. 그러면 당신한테 연락처를 물어보는 남자가 나타나게 되어 있다. 그중에 고르면 된다.

---

2    물론 이건 나의 지극히 개인적인 취향이다. 더 관대한 남자들도 많다.

어쩌면 이 조건이 가혹하게 여겨질 수도 있겠다. 모든 인간은 존재 자체만으로 존중받을 자격이 있는데 몸무게 따위를 갖고 사람의 가치를 판단하려 드는 내가 속물적이고 더럽게 느껴질 수 있을 것이다. 나중에 마누라가 살찌면 마누라도 버릴 거냐, 하면서 내게 항변할지도 모르겠다.

그런 생각이 든다면 당신들이 남자들에게 어느 정도를 요구하는지를 생각해 봐라.

"음, 키는 180cm는 아니라도 175cm는 넘었으면 좋겠어요. 전문직이나 대기업은 아니라도 최소 중견 기업 정도는 다녀야 하고, 학력은 스카이까진 아니라도 인 서울은 되었으면 좋겠어요. 김종국 같은 근육맨은 아니더라도 자기 관리를 한 티는 났으면 좋겠어요. 대단한 남자를 바라는 게 아니라 그냥 평범한 남자를 바라는 건데 왜 내 주변엔 이런 평범한 남자조차도 없는 걸까요?"

평범한 남자라고? 얼핏 그렇게 보일 수도 있다. 175cm, 중견 기업, 인서울, 아저씨 같지 않은 몸. 이 중에 대단한 건 없다. 하지만 그 대단하지 않은 조건들이 여러 번 중첩되면 확률은 급속도로 떨어진다. 키가 평균보다 큰 남자는 대한민국의 절반이지만, 키가 평균 이상이면서 연봉도 평균 이상이려면 25%가 되고, 자산 규모도 평균 이상이면 12.5%가 된다. 위 조건들도 마찬가지다. 저 4가지를 모두 충족할 수 있는 남자는 대한민국에서 0.84%밖에 없다. 얼핏 평범해 보이는 저 상상 속 남자는 실은 100명 중에 한 명 나올까 말까 한 완벽남인 것이다.

| 조건 | 비율 | 비고 |
| --- | --- | --- |
| 175cm 이상의 키 | 50% | 30대 남성 평균 신장 174cm 기준 |
| 대기업/중견 기업/전문직 | 33% | 통계청(2025) |
| 인 서울대학 졸업자 | 14% | 2026 서울 소재 15개 대학 입학 정원 약 5만 / 전체 입학 정원 약 35만 |
| 자기관리를 한 티 | 40% | 성인지통계시스템(2023): 정상체중(BMI 18.5~23)에 해당하는 남자의 비율 |
| 동시에 충족 | 0.84% | 50% × 33% × 14% × 40% = 0.84% |

당신은 그에 어울리는 여자인가? 아닐 것이다. 당신은 예쁘지도 몸매가 좋지도 커리어가 뛰어나지도 특출난 매력을 갖고 있지도 않은 지극히 평범한 여자일 것이다. 그런 당신이 완벽한 남자를 바랄 수 있는 건 무엇 때문일까? 당신이 여자기 때문이다. 남자는 여자가 남자를 원하는 것보다 훨씬 절실하게 여자를 원하기 때문이다. 남자로 태어났다면 꿈도 꾸지 못했을 선택의 자유를 당신이 누리고 있는 건 그래서다.

여자의 삶이 무조건 남자의 삶보다 편하다는 게 아니다.

육아와 출산으로 인한 경력 단절, 성범죄의 위험. 나도 인정한다. 어떤 영역에서 여자의 삶은 남자의 삶보다 가혹하다. 하지만 적어도 딱 이 영역, 사랑받고, 사랑하는 문제에 있어서 여자는 남자보다 명백한 갑이다. 그러니 당신도 인정하라. 그리고 감사하는 마음을 가져라. 살만 빼면 된다는 것에. 남자들이 당신에게 33평 자가 아파트나 163cm 이상의 키, 5천만 원 이상의 연봉을 요구하지 않는다는 것에.

## 4

## 차여서 모솔 vs 차이지도 못해서 모솔

---

유튜브 채널 피식대학의 콘텐츠인 '너드학개론'에서 코미디언 정재형은 찐따의 종류를 돌격형 찐따와 자학형 찐따로 구분했다. 돌격형 찐따는 보이는 여자마다 다 들이대는 찐따이고, 자학형 찐따는 너무 많은 생각들로 자기를 괴롭히느라 여자에게 다가가지도 못하는 찐따이다.

이 책에서는 자학형 찐따[3]만을 다루기로 한다. 돌격형 찐따는 해결책이 단순하기 때문이다. 여자를 만나는 건 제비뽑기와도 같다. 잘생기고 키가 크고 돈이 많고 사교성이 좋은 남자는 당첨 확률이 높은 제비다. 반면 못 생기고 직업이 안 좋은 남자는 확률이 낮은 제비다. 하지만 그런 남자라고 해서 0%인 건 아니다. 사람은 때로 누가 봐도 완벽한 사람을 두고 무엇 하나 제대로 된 구석이 없는 사람과 사랑에 빠지기

---

3  앞으로는 자책형 모솔이라는 용어를 쓰기로 한다. 모솔들에게 애정을 갖고 있는 필자에게 찐따라는 용어는 너무 가혹하게 들리기 때문이다.

도 한다. 본인도 자기가 왜 빠졌는지 모르고, 상대방도 자길 왜 사랑하는지 모른다. 사랑의 메커니즘은 그토록 복잡하다. 그렇기에 우연이 발생할 여지가 충분히 있다. 당첨 확률이 1%인 제비라도 100번을 뽑으면 한 번은 당첨이 나오게 마련이다. 될 때까지 뽑으면 언젠가는 된다.

그 우연조차 발생하지 않았다면 원인은 간단하다. 근본적인 결함이 있는 것이다. 체형이 표준에서 많이 벗어났거나, 얼굴이 많이 못생겼거나, 몸에서 불쾌한 냄새가 나거나, 사회성이 많이 부족한 것이다. 그러니까 그 결함을 보완하면 된다. 살을 빼거나 피부과를 다니거나 향수를 뿌리거나 사람들을 많이 만나고 화술을 배우면 된다.

하지만 자책형 모솔들은 다르다. 그들은 시도 자체를 하지 않는다. 많은 경우 사랑이라는 감정은 일치하지 않는다. 내가 사랑하는 사람은 대체로 나를 사랑하지 않는다. 그럴 때마다 우리는 자신의 가치를 의심하게 된다. 내가 별로라서 그런 거겠지? 못생기고 키가 작아서 그런 거겠지? 직업이 더 좋고 돈이 많았다면 달랐겠지? 하지만 주변을 둘러보면 꼭 그렇지도 않다. 못생기고 키가 작고 돈이 없어도 다들 제 짝 만나서 연애하고 장가가고 아이 낳고 잘 산다. 일반적인 남자들은 그런 걸 보고 용기를 얻는다. '나보다 못난 저놈도 연애를 하는데 나라고 못 할 게 있겠어?' 하는 생각을 한다. 하지만 자책형 모솔의 사고 회로는 그렇게 돌아가지 않는다. '저 못난 놈도 연애를 하는데 내가 못하는 걸 보니 나는 더 못났나 보구나.'로 흘러간다. 그런데 아무리 눈을 씻고 찾아봐도 내가 저놈보다 못난 점을 찾지 못한다. 그래서 '운명'의 탓으로 돌린다. 자기는 평생 누군가로부터 사랑받지 못할 운명을 타고난 인간이라고 생각해 버린다. 그래서 아무것도 안 한다.

하지만 그럴수록 자책형 모솔들은 점점 비참해진다. 외모나 재력이 특출난 남자가 아니라면 여자가 먼저 남자에게 다가오는 일은 여간해서는 생기지 않는다. 남자는 상처받고 망신당할 걸 감수하고 용기를 내어 다가가야 연애를 할 수 있다. 그런데 자책형 모솔들은 상처받는 걸 너무나 두려워한다. 그래서 아무것도 안 한다. 아무것도 하지 않는 자신을 합리화하기 위해 '나 같은 게 좋아한다고 다가가 봐야 피해나 줄 뿐이야.' 하며 자기를 깎아내린다. 아무것도 하지 않으니 아무 일도 생기지 않는다. '거봐, 역시 나는 사랑받지 못할 운명을 타고난 존재였어.' 하면서 또 자신에게 상처를 준다. 낮아진 자존감으로 인해 그는 다음번에 마음에 드는 여자를 만났을 때도 용기를 내지 못한다. 결국 모태솔로에서 벗어나지도 못한다. 비참해지지 않기 위해 한 선택이 그를 가장 비참하게 만든다.

그래서 이 글에서는 자책형 모솔에 대해 다룰 것이다. 그들은 어떠한 삶을 살아왔고, 어떤 감정을 갖고 있으며, 어떻게 자책의 굴레를 벗어날 수 있을지에 대해 논할 것이다.

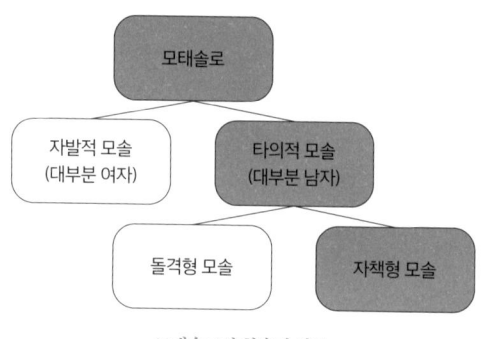

모태솔로의 학술적 분류

## 2장

## 모솔 탈출,
## 꼭 해야 하는 걸까?

모솔학개론
**Mosology**

공감과 위로, 그리고 현실을 직시하는 일은 동전의 양면과 같다. 한쪽도 등한시할 수 없다. 공감과 위로가 없는 '팩폭'은 상대방의 마음에 와닿을 수 없고, 행동의 변화를 이끌어낼 수도 없다. 반면, 현실을 무시한 무조건적 공감과 위로는 한순간 상대방의 기분을 좋게 해줄 수는 있지만 실질적으로 문제를 해결하는 데에는 아무런 도움이 되지 않는다. 그건 진정으로 상대방을 위하는 것이라 할 수 없다.

 1장에서 나는 모태솔로들에 대한 공감을 표했다. 연애를 해봤다고 사랑을 알게 되는 게 아니듯, 모태솔로라고 사랑을 모르는 것도 아니라고, 어떤 의미에서는 연애를 해본 우리들 자신도 모태솔로와 별반 다르지 않을지 모른다고 했다. 자기 자신에게는 겸손함을, 모태솔로들에 대해서는 공감과 애정을 가져야 한다고 했다.

 이제는 현실을 직시해보려 한다. 어떤 사람들은 모태솔로로 살아가는 게 아무런 문제가 없다고 한다. 연애를 해보지 못한 건 하나도 부끄러운 일이 아니라고, 남으로부터 애정을 갈구하는 것보다는 내가 나 자신을 아껴주고 긍정하는 게 더 중요하다고. 괴팍한 사람과 연애를 하면서 고통을 받느니 차라리 조용히 인연을 기다리는 게 낫다고 한다.

하지만 그건 말도 안 되는 소리다. 그냥 남의 인생이니까 쉽게 말하는 것일 뿐, 자기 일이었으면 절대 그렇게 말하지 않았을 것이다. 연애를 해보지 못한 건 부끄러운 게 맞다. 타인으로부터 사랑받지 못하는 사람이 자신을 긍정하는 건 불가능에 가까운 일이다. 조용히 자신을 갈고닦으며 기다린다고 해도 인연은 절대로 다가오지 않는다. 그러니 연애는 꼭 해야 한다. 왜 그런 건지 알아보자.

## 1

# 사랑받지 못한 남자는 세상 앞에 당당할 수 없다

"미혼이 미완성이라고 느껴서 빨리 완성 시켜야겠다는 마음으로 결혼을 했다. 결혼을 안 했을 땐 전쟁터였는데 결혼을 하니 지옥이 펼쳐지더라."

- 연애 칼럼니스트 곽정은, <SBS 집사부일체>, 2023.1.8

연애나 결혼이 삶에서 별로 중요하지 않다고 말하는 사람들이 있다. 나와 어울리지 않는 사람을 만나서 마음고생을 하느니 아무도 만나지 않는 편이 차라리 낫다고 말하는 사람들이 있다. 나에게 상처를 주는 관계를 지속할 바에는 자기 자신을 갈고닦으면서 인연이 찾아오길 기다리는 게 낫다는 것이다. 하시 이런 말은 걸리 들어아 한다. 이런 말을 하는 사람 열에 아홉은 여자기 때문이다.

어떤 남자가 여자를 많이 만나봤다고 하면 보통 주위에서 부러움과 동경의 눈길을 보낸다. 알파 메일이나 카사노바, 옴므파탈이라고 한다. 하지만 남자를 많이 만나는 여자에 대한 시선은 곱지 않다. 남미새[4], 헤픈 여자, 걸레와 같은 상스러운 말들을 듣게 된다. 반대로 남자를 함부로 만나지 않는 여자는 순결하고 지조 있는 여자, 신비스러운 매력을 가진 여자로 여겨진다.

왜 그런지 생각해 본 적이 있는가? 페미니스트들은 이것이 여성의 성적 자기 결정권에 대한 억압이라고 주장한다. 남자들이 여성의 성을 마음대로 착취하기 위해서 성을 주체적으로 즐기는 여성들에게 부정적인 낙인을 찍고 있다는 것이다.

하지만 이들이 잘못 생각하고 있는 게 있다. 원래 존중이란 달성하기 어려운 걸 달성했을 때 주어지게 마련이라는 점이다. 올림픽 대회에서 우승을 하면 금메달을 받는다. 그 자그맣고 동그란 금속 조각 하나를 얻기 위해 선수들은 온갖 고통을 이겨내며 훈련에 매진한다. 그런데 만약 올림픽 메달 수여식이 탈락한 이들에게 상대적 박탈감을 느끼게 하고 과도한 경쟁을 조장하니 앞으로는 최선을 다한 참가자들 모두에게 금메달을 주자고 하면 어떻게 될까? 금메달은 그 가치를 잃게 될 것이다. 올림픽 금메달리스트라 해도 아무도 그를 대단하게 보지 않을 것이다. 연금도 안 나올 것이고, 운동 교습소를 차릴 수도 없을 것이고, 은퇴한 이후 감독이나 해설 위원으로 활동할 수도 없을 것이다. 세상 모든 것들이 그

4 남자에 미친 새끼의 준말

렇다. 돈만 내면 딸 수 있는 자격증, 등록금만 내면 들어갈 수 있는 대학. 세상 사람들은 그런 걸 존중해주지 않는다.

연애도 그렇다. 연애를 많이 해본 남자는 존중받지만 여자는 그렇지 않다는 건, 남자는 연애를 많이 하기가 어렵지만 여자는 쉽다는 뜻이다. 그건, 연애를 시작할 때 남녀의 입장이 다르기 때문이다. 남자가 취준생이라면 여자는 회사고, 남자가 입시생이라면 여자는 대학이다. 남자는 지원하고 여자는 뽑는다. 취업준비생이 회사에 들어가기 위해 이력서를 쓰고, 면접관 앞에서 자기의 경쟁력과 포부, 입사를 향한 의지를 어필하듯이 남자는 여자를 만나기 위해 전화번호를 따고, 먼저 연락을 하고, 여자를 즐겁게 해주기 위해 노력하고, 지갑을 연다. 하지만 여자는 아무것도 하지 않는다. 남자를 평가할 뿐이다. 얼마나 재밌고, 얼마나 배려심이 있고, 나의 미래를 얼마나 편하고 윤택하게 해줄 수 있는지.

물론 늘 그런 건 아니다. 여자가 남자의 승인을 받기 위해서 분투하는 경우도 있다. 그런 경험이 있는 여자들이라면 내 논리가 지나치게 편향적이라 생각할 것이다. 하지만 그건 눈이 너무 높아서 그런 거다. 앞서 나는 취업준비생이 면접관의 눈에 들기 위해 적극적으로 노력한다고 했지만 꼭 그런 건 아니다. 미국 아이비리그 최상위권 대학을 졸업하고 유수의 글로벌 기업에서 경력을 쌓은 데다 어리고 잘생기고 사회성까지 좋은 취업준비생이 있다면 오히려 회사가 그를 모셔 가려 할 것이다. 반면 연봉도 적고 복지도 없고 워라밸도 없고 미래에 대한 비전도 없는 회사라면 오늘 당장 업무를 처리할 직원조차 구하지 못해 걱정일 것이다. 당신도 똑같다. 분수에 넘치는 남자를 만나려 해서 그런 거다. 믿지 못하겠다면 당신의 능력치를 남자 버전으로 환산해 보라. 30대 남자의 평균 키가 약 174cm, 여자의 평균 키가 약 161cm 정도이니, 당신이 158cm라면 171cm로 환산하고, 체중이 59kg이라면 75kg 정도로 환산하면 된다. 어려울 것 없다. 지금은 남녀가 똑같이 고등 교육을 받고 취업을 해서 돈을 버는 시대이니 학력이나 연봉, 자산은 환산할 필요도 없다. 어떠한가? 당신은 남자 버전의 당신과 사귀고 싶은가? 당신이 갈구하던 그 남자와 남자 버전으로 환산한 당신 사이에는 어느 정도의 격차가 있는가? 오히려 당신보다 훨씬 높은 능력치를 가진 남자가 당신의 마음에 들기 위해 돈을 쓰고 달콤한 사랑의 언어를 속삭이고 이벤트를 해줬던 경험이 훨씬 많지 않은가?

    연애의 시작 단계에서 남녀의 위치는 이토록 다르다. 여자는 모든 면에서 자기보다 우월한 남자를 만나고 싶어 한다. 자기는 평범한 직장인이지만 남자는 고소득 전문직이길 원하고, 자기는 키가 작지만 남자는 크길 원하며, 자기는 모아놓은 돈이 없지만 남자는 서울 시내에 자가를 갖고 있길 바란다. 하지만 남자는 여자에게 별로 많은 걸 기대하지 않는다. 대부분은 성격 모난 데 없고, 본인 밥벌이하는 정도면 족하다고 생각한다. 아직 결혼을 생각할 나이가 되지 않았거나, 오랫동안 연애를 하지 못해 외로운 상태라면 이보다 더 관대할 수도 있다. 그렇기 때문에 여자는 남자보다 훨씬 쉽게 연애의 문턱을 넘을 수 있다.

  그렇기 때문에 남자 모솔과 여자 모솔에 대한 시선 역시 다를 수밖에 없다. 남자 모솔은 어디에도 합격하지 못한 취준생이다. 이력서를 수백 장씩 쓰고 면접을 수십 번을 봤지만 단 한 군데서도 최종 합격 문자를 받지 못한 취준생이다. 도대체 얼마나 무능했으면 그걸 다 떨어졌겠는가? 반면 여자 모솔은 누구도 들어가지 못한 회사다. 가장 스펙이 좋고 실무 능력이 풍부한 지원자들에게조차도 가차 없이 탈락 통보 메일을 날려버리는 회사다. 그런 회사라면 얼마나 대단한 회사겠는가?

  그러니 여자들이 하는 말을 너무 곧이곧대로 믿어서는 안 된다. 여자들이 연애를 안 해도 된다고 하는 건, 정말 안 해도 돼서다. 여자가 연애를 하지 않았다는 건 그동안 그녀에게 다가온 모든 남자를 다 거부했다는 뜻이다. 그 많은 남자

중 누구도 그녀의 마음을 함락시키지 못했다는 뜻이다. 그 정도로 콧대 높고 순결하고 정숙한 여자라는 뜻이다. 하지만 남자의 입장은 다르다. 남자는 여자를 원한다. 그렇기 때문에 계속해서 여자를 만나려고 시도한다. 그런데도 여자를 못 만났다는 건 그 모든 노력에도 불구하고 여자의 마음을 얻지 못했다는 뜻이다. 그 정도로 무능한 남자라는 뜻이다. 여자는 연애를 하지 않는 동안에도 여자로서의 가치가 올라가지만 남자는 가치가 점점 떨어진다.

그러므로 아무도 안 만나는 것보다는 돈이 없고 성격이 괴팍한 여자, 만나면 만날수록 정이 떨어지는 여자라도 일단 만나보는 게 낫다. 일주일 만에 헤어지더라도, 손도 못 잡아보더라도 안 사귀는 것보다는 사귀는 게 낫다. 그렇게 하면 당신은 그런 여자나마 만날 수 있는 최소한의 경쟁력이라도 있는 남자가 되지만, 그렇게 하지 않으면 그런 여자에게조차 통하지 않을 정도로 무가치한 남자가 되어버린다.

## 사랑받지 못하는 남자는 자신을 사랑할 수도 없다

이렇게 말하면 또 자존감 운운할 사람들이 있을 것이다. 나의 가치는 내 스스로의 양심과 이성으로 판단하는 것이지, 세상의 시선에 의해 좌우되는 게 아니라고 할 것이다. 여자를 많이 만나봤건 적게 만나봤건 나 스스로가 자신에 대해 떳떳하다면 전혀 움츠러들 이유가 없다고 말할 것이다. 하지만 이 또한 너무 진지하게 듣지 않는 게 좋다. 이런 말은 남자에겐 해당 사항이 없기 때문이다.

> "그간 너무 많이 차여봤기 때문에 모든 기대는 다 내려놓고 좋은 경험 갖고 싶어서 왔습니다. 연애는 정말 FFFF.. 졸업 때까지 시험 치면 다 F. 차이는 게 늘 일상화됐기 때문에. 키 작죠. 애까지 있죠. 대한민국 여성들에겐 제 상품성이 없어요."
>
> - <나는 솔로> 22기 영철의 사전 인터뷰

위 인용문은 나는 솔로 22기 돌싱 특집에 출연했던 영철

(1981년생, 응급의학과 전문의)이라는 남자 출연자의 인터뷰다. 이 남자는 어떤 사람일까? 얼마나 자존감이 낮은 사람이길래 여자한테 몇 번 차였다는 이유로 자기 자신에게 F학점을 매길 정도로 의기소침해져 있을까? 상품성이라고? 우리는 돈으로 값어치가 매겨지는 상품이 아니다. 세상 무엇과도 바꿀 수 없는, 세상에 둘도 없는 특별하고 기적적인 존재들이다. 그 사실을 깨달아야 한다. 남의 시선이 아니라 나 스스로의 양심과 가치 기준으로 나를 평가해야 한다. 그렇게 하지 못한다면 이 남자는 세상 누구로부터도 진심 어린 사랑을 받지 못할 것이다. 내가 나를 사랑하지 않는데 어느 누가 나를 사랑해주겠는가? 당신이 여자라면 아마 이렇게 생각할 것이다.

그런데 이 남자, 의사다. 대한민국 1%, 아니 0.1%에 들어도 될까 말까 한 응급의학과 전문의다. 미남이라 할 정도는 아니지만 의사라는 직업에 어울리는 깔끔하고 스마트한 외모를 가졌다. 바디 프로필 촬영을 목표로 운동도 열심히 하고 있다. 사랑스러운 두 딸을 위해 헌신하는 다정하고 책임감 있는 아버지이기도 하다. 노력할 만큼 노력했고 이룰 만큼 이룬 사람이다. 그가 지금의 위치까지 올라오면서 내가 나를 먼저 아껴줘야 한다는 생각, 여자들이 자신감 없고 의기소침한 남자를 좋아하지 않는다는 생각 한 번 못 해봤을까? 그가 정말 저걸 몰라서 저렇게 말했다 생각하는가?

  자존감. 참 듣기 좋은 말이다. 지구는 태양 주위를 돈다. 사람들이 지구가 우주의 중심이라 우긴다 해서 태양과 지구의 위치가 바뀌는 게 아니다. 사람들이 뭐라고 말하건 진리는 늘 그 자리에 고고하게 서 있다. 사람의 가치도 마찬가지다. 남들이 나를 멍청하다고 한다고 내가 정말 멍청한 놈이 되는 것도, 나쁜 놈이라고 한다고 나쁜 놈이 되는 것도 아니다. 내가 나 자신의 가치를 확신할 수 있다면 남들이 뭐라고 하건 조금도 흔들릴 이유가 없다. 우리가 우리 스스로를 존중하고 아껴줄 수만 있다면 그걸로 족하다.

  그런데, 정말 그게 그렇게 간단한 일일까? 네덜란드의 화가 빈센트 반 고흐는 인상파 미술의 위대한 거장이다. 〈해바라기〉, 〈자화상〉, 〈별이 빛나는 밤〉 등 수많은 명작을 남겼다. 하지만 고흐의 삶은 그의 작품만큼 아름답지는 않았다. 그의 수많은 작품 중 팔린 긴 평생 동안 단 한 점뿐이었고, 그는 늘 생활고와 질병에 시달렸다. 주위 사람들은 아무도 그를 인정해 주지 않았고, 미친 사람 취급했다. 결국 그는 권총 자살로 불행했던 생을 마감했다. 왜 그랬을까? 사람들이 고흐의 작품을 쓰레기라 욕한다고 정말로 고흐의 그림들이 추하게 변하는 것도 아닌데 고흐는 왜 자기 작품의 가치를 확신하지 못했을까? 자신의 예술 세계에 대한 고흐의 자부심과 신념, 열정은 겨우 그 정도였던 걸까? 그는 자존감이 없는 인간이었던 걸까?

유명 연예인들은 일반 직장인들은 상상도 하지 못할 정도의 돈을 벌고, 많은 대중의 사랑을 받는다. 그런 그들이 방구석 백수들의 악성 댓글에 상처를 받아서 공황장애에 걸리고, 심한 경우 자살로 생을 마감하기까지 한다. 왜 그런 걸까? 빛나는 재능과 뼈를 깎는 노력으로 한 분야의 정점에 선 그들이 왜 주변의 시선 따위에 흔들리는 걸까? 악성 댓글이 달린다고 그들의 연기력이나 노래 실력이 줄어드는 것도 아니고, 얼굴이 못생겨지는 것도 아닌데 말이다.

결국 우리는 사랑받기 위해서 사는 것이기 때문이다. 요즘 내 관심사는 부동산이다. 서울 시내 최대한 입지가 좋은 곳에 아파트를 사는 게 올해의 목표다. 이 목표를 이루기 위해 직방에서 아파트 실거래가도 찾아보고 책으로 공부도 하고 실제로 임장도 다니고 있는데 막상 구미가 당기는 매물이 없다. 입지가 좋지 않던지, 연식이 너무 오래되었던지, 평수가 좁던지 꼭 하나 이상은 하자가 있다. 상급지에 방 3개 화장실 2개 딸린 신축 아파트는 지금 예산으로는 꿈도 꾸지 못할 만큼 비싸다. 9년 동안 직장을 다니면서 알뜰하게 모은 돈에 부모님의 지원까지 보태도 어림도 없다. 직장을 그만둘 때까지 숨만 쉬면서 대출금만 갚아도 될까 말까다.

그런데 최근 지인의 결혼식에 참석하기 위해 지방 도시에 간 적이 있었다. 도청 소재지에 생활 인프라도 어지간한 광역시 못지않게 갖춰진 도시였다. 그런데 32평 아파트가 2억이었다. 번화가에 있는 신축 브랜드 아파트도 4억을 넘지 않는다고 했다. 그걸 보고 허탈함을 느꼈다. '서울에서 사는 삶을 포기한다면 당장이라도 집을 사서 걱정 없이 편하게 살 수 있는데 대체 나는 무엇을 위해 이 고생을 하는 거지?' 하는 생각이 들었다.

가장 먼저 떠오르는 건 역시 직장이었다. 대부분의 안정적이고 월급을 많이 주는 기업들은 서울에 위치하고 있기에, 서울을 떠난다면 저소득을 감수해야 한다. 돈을 많이 벌기 위해 학창시절을 갈아 넣어 명문대에 들어갔고, 9년 동안 직장에서 갖은 우여곡절을 견뎠는데 그걸 포기하고 지방으로 내려가나? 역시 있을 수가 없는 일이라는 생각이 들었다.

그런데 정말인가? 그렇게 돈을 벌어 무엇을 할 것인가? 서울 소재 대기업에서 매달 500만 원을 벌어서 400만 원을 저축하는 A와 지방 소재 중소기업에서 300만 원을 벌고 200만 원을 저축하는 B를 가정 해보자. A가 서울에 10억짜리 집을 사려면 1년에 4,800만 원씩 21년 동안 모아야 한다. 아마 그때쯤이면 A는 직장에서 명예퇴직을 당한 후일 것이다. 21년 동안 뼈 빠지게 일해서 손에 남은 거라고는 그 아파트 한 채뿐일 것이다. 하지만 B는 2,400만 원씩 9년만 모아도 2억짜리 집을 살 수 있다. 직장 생활을 하면서 모은 나머지 돈은 삶을 즐기는 데 쓸 수 있다. 여행도 다닐 수 있고, 마누라한테 백도 사줄 수 있고, 자식들한테 용돈도 줄 수 있다. 서울에 살면서 돈을 많이 벌어봐야 결국 아파트 대출금 갚아서 은행 배만 불려주게 될 텐데 왜 우리는 서울을 포기하지 못하는 걸까?

서울에 살면서 대기업에 다니면 더 '있어 보이기' 때문이다. 물론 공부가 좋아서 열심히 하다 보니 명문대에 들어간 이들도 있을 것이다. 관심 있는 분야에서 일하며 자아를 실현하고 사회에 기여하기 위해 대기업에 들어간 이들도 있을 것이다. 사회 정의를 실현하기 위해서 법조인이 되고, 아픈 사람들을 치료 해주는 일에 보람을 느껴서 의사가 된 사람도 있을 것이다. 하지만 대부분은 그렇지 않다. 돈, 안정적인 직장, 그리고 그것을 통해 얻을 수 있는 주변으로부터의 인정. 사람들이 진정 원하는 건 이것이다. 고소득 전문직이라고 하거나 서울에 자가를 갖고 있다고 하면 주변에서 성공한 사람이라며 추켜세워주고, 여자들의 눈빛이 달라지니까 열심히 공부하고, 일하고, 돈을 모으는 것이다. 사람들이 추구하는 것들의 대부분은 그렇다. 500만 원짜리 명품 가방이라고 5만 원짜리 가방보다 100배 튼튼한 건 아니다. 100배 가볍거나 100배만큼 물건을 더 담을 수 있는 것도 아니다. 1억짜리 벤츠라고 2,000만 원짜리 아반떼보다 5배 빠른 것도, 연비가 5배 좋은 것도 아니다. 그 대신 있어 보인다. 남편에게 명품 가방을 선물 받았다고 하면 잘 나가는 남편에게 사랑받으며 화목한 가정을 꾸려나가는 것처럼 보이고, 외제차를 타고 다니면 돈을 잘 벌고 유능하며 쿨하기까지 해 보이니까 명품백과 외제차를 갖고 싶어 하는 것이다.

세상을 움직이는 건 그 허영심이다. 자동차가 사회적 지위를 과시하는 수단이 아니라 단순한 운송수단이었다면, 가방이 단순히 물건을 담는 용도로 쓰이는 도구였다면, 인간이 타인의 시선에 의존하지 않고 주체적으로 살아갈 수 있는 존재였더라면 세상의 모습은 지금과는 많이 달랐을 것이다. 서울 집값이 지금처럼 비싸지도 않았을 것이고, 입시지옥이나 취업난도 없었을 것이고, 명품 가방이나 외제차를 사려다 신용 불량자가 되는 이들도 없었을 것이다.

자존감, 참 멋진 말이다. 연애를 못 해봤다고, 여자에게 인기가 없다고 내가 무가치한 남자가 되는 건 아니다. 그러니 움츠러들 필요 없다. 남이 나를 사랑하건 사랑하지 않건 나 자신의 가치를 의심하지 않는 게 진짜 멋진 남자다. 여자에게 사랑받는 것도 결국엔 그런 남자다. 다 맞는 말이다.

하지만 그건 말처럼 쉬운 게 아니다. 남들이 내 말에 귀 기울여주고, 내가 던진 농담에 웃어주고, 내 기분을 살피기 위해 눈치를 볼 때 우쭐해지고, 그렇게 해주지 않을 때 의기소침해지는 건 인간의 자연스러운 본능이다. 자존감이 있는 사람은 분명 대단하지만 자존감이 없다고 해서 잘못된 건 아니다. 그게 정상이기 때문이다. 원래부터 인간이란 주변의 인정과 관심, 사랑에 의존하지 않고 살아갈 수 있을 정도로 강한 존재가 아니다. 대체로는 그렇다.

그런데 어떤 이들은(대개 여자들은) 자존감에 대해 쉽게 말한다. "너 자신을 사랑하세요, 당신은 사랑받을 자격이 있는 사람입니다."라고 천진난만한 얼굴로 말한다. 그건 왜일까? 겪어보지 않아서다. 사랑과 관심, 배려를 받지 못하는 존재가 된다는 게 어떤 의미인지 몰라서다.

성공한 이들은 자기가 지금의 자리에 오르기 위해 얼마나 열심히 살아왔는지를 말한다. 자기처럼 노력하면 누구나 꿈을 이룰 수 있다고 말한다. 아주 틀린 말은 아니다. 손흥민은 아시아 최고의 축구 스타다. 최고의 선수들만이 모인다는 영국 프리미어 리그에서 오랜 시간 동안 정상급 선수로 활약했다. 그렇게 되기 위해 손흥민은 우리 같은 범인들은 상상도 하지 못할 엄청난 노력을 했을 것이다. 그런데 정말일까? 정말로 노력만 하면 뭐든지 다 이룰 수 있을까? 손흥민만큼 성공하지 못한 선수들은 다 그만큼 노력하지 않은 걸까? 어쩌면 그보다 더 많은 노력을 기울였으면서도 재능이 부족해서, 부모님으로부터 충분한 지원을 받지 못해서, 아니면 단순히 운이 없어서 하부 리그에서 뛰거나, 심지어는 프로에 데뷔조차 하지 못하고 아예 축구를 그만둔 선수가 있을 수도 있지 않을까?

성공한 이들은 왜 이러한 진실을 말하지 않는 걸까? 사람들에게 희망을 주기 위해, 혹은 자기의 성공 스토리를 더 그럴싸하게 포장하기 위해 노력만 하면 다 이룰 수 있다는 입에 발린 소리를 하는 걸까? 몰라서 그러는 것이다. 손흥민은 축구에 천재적인 재능을 타고났다. 전문적인 교육을 받지 않았더라도 교내 체육 대회에서 여학생들의 환호를 받거나 군대스리가의 에이스로 행보관님의 총애를 받는 정도는 어렵지 않게 해냈을 것이다. 하지만 그는 자기가 천재라고 생각하지 않을 것이다. 그는 날 때부터 천재였기 때문이다. 영국 프리미어리그와 유러피언 챔피언스리그, 월드컵과 같은 세계 최고의 무대에서 활약하면서 그보다 더한 천재들도 많이 봤을 것이기 때문이다. 그는 천재가 아닌 사람들의 삶을 경험해 본 적도, 옆에서 지켜본 적조차도 없기 때문이다.

　인간이란 존재가 그렇다. 자기에게 이미 주어져 있는 것의 소중함을 알지 못한다. 잘생긴 남자들은 여자한테 인기가 많다. 썰렁한 농담을 해도 여자들이 자지러지고, 별것 아닌 평범한 매너에도 여자들은 감동한다. 하지만 그는 그렇게 생각하지 않을 것이다. 자신이 인기가 많은 게 자신의 유머 감각과 매너, 사교성 때문이라고 생각할 것이다. 못생긴 남자들도 자기처럼만 하면 다들 연애를 할 수 있을 거라 생각할 것이다. 금수저를 물고 태어난 이들도 그럴 것이다. 도전 정신과 기업가 정신이 있어서 그들이 성공한 것이지, 부잣집에 태어나서 성공한 거라고는 생각하지 않을 것이다. 그들이 도전 정신을 가질 수 있었던 건 도전을 했다가 실패하더라도 다시 일어설 수 있게 물질적 지원을 해줄 수 있는 부모님 덕분이라는 걸 결코 알지 못할 것이다. 한 번의 실패도 용납되지 않는 열악한 환경에서 태어났다면 그들은 애초에 도전 정신을 갖지도 못했을지 모른다는 생각은 해보지도 않았을 것이다. 한 번도 못생겨보지 못한 이들은 잘생긴 외모의 힘을 모르고, 한 번도 가난해보지 못한 이들은 부의 힘을 모른다.

　여자들도 그렇다. 여자들은 내 글에 반감을 느낄 것이다. 여자라고 쉽게 사랑받을 수 있는 게 아니라고, 그건 일부 예쁘고 어리고 몸매 좋은 여자들에게나 해당하는 이야기라고 생각할 것이다. 틀린 말은 아니다. 여자들도 남자한테 거절당할 수 있다. 짝사랑을 할 수도 있고, 남자 친구가 바람이 나버릴 수도 있다. 제발 나를 버리지 말아 달라며, 엔조이라도 해달라며 구차하게 매달려본 경험이 있을지도 모른다.

하지만 그녀들에게는 최소한 연애를 해볼 기회라도 있다. 물론 자기 좋다는 남자들이 눈에 차지는 않을 것이다. 그녀들이 원하는 키 크고 잘생기고 센스 좋고 돈까지 많은 남자들은 그녀들에게 눈길을 주지 않을 것이다. 그녀들에게 다가오는 지극히 평범한 남자들조차도 어쩌면 그녀를 정말 사랑해서가 아니라, 예쁜 여자를 유혹할 자신이 없어서 떠밀리듯 그녀들을 택한 것일지 모른다. 하지만 대부분의 남자들은 그 정도의 애정과 관심조차 받을 일이 없다. 여자가 먼저 관심을 표한다는 자체가 최소 상위 5% 알파 메일이라는 증거다. 그 여자가 별로 매력적인 여자가 아닐지라도.

하지만 여자들은 그게 대단한 특혜라고 생각하지 않는다. 그녀들은 날 때부터 여자였기 때문이다. 학교에서 남자아이가 울면 친구들이 달려들어서 울보라고 놀리고 무시하지만, 여자아이가 울면 무슨 일이냐 묻고 도와주려 한다. 회식 자리에서 남자가 대화에 끼지 못하면 아무도 관심을 갖지 않지만, 여자가 겉돌고 있으면 남자들이 먼저 다가와서 말을 걸어준다. 이러한 작은 배려와 관심, 애정은 잘나서 주어지는 것도, 예뻐서 주어지는 것도, 착해서 주어지는 것도 아니다. 여자라면 누구나 누릴 수 있는 것들이다. 그래서 그 힘을 실감하지 못한다. 그녀들의 멘탈을 떠받치고 있는 건 세상 모두가 나에게서 등을 돌려도 나 자신을 긍정할 수 있는 마법 같은 힘이 아니라 남자들로부터의 무조건적 배려와 관심이라는 걸 모른다.

 여자들이 자존감을 가져라, 너 자신을 사랑해라, 외부에서 행복을 찾지 말라, 하는 식의 뜬구름 잡는 조언을 천연덕스럽게 할 수 있는 건 그래서다. 실제로 많은 여자들은 연애나 결혼을 하지 않아도 된다고 생각한다. 남자가 없이도 행복하게 살 수 있다고 생각한다. 누군가가 나를 사랑해 주지 않더라도 내가 나 자신을 아껴주면 충분하다고 생각한다. 그런데 정말일까? 당신들은 당신 자신을 진심으로 사랑하는가? 앞으로 죽을 때까지 단 한 명의 남자도 당신에게 먼저 말을 걸어주지 않더라도, 당신이 관심을 갖는 모든 남자들이 당신을 매몰차게 거절하더라도 스스로의 존재 가치를 긍정할 수 있는가? 당신들은 남자가 필요 없다고, 연애나 결혼 따위 하지 않고 혼자서도 얼마든지 즐겁게 살 수 있다고 말하지만 사실은 알고 있다. 그런 일이 진짜로 벌어지지는 않을 거라는 걸. 눈만 조금 낮추면 당신과 결혼하고 싶은 남자를 구하는 것쯤은 전혀 어려운 일이 아니라는 걸. 연애나 결혼 따위는 마음만 먹으면 언제든지 할 수 있다는 걸. 당신들이 자존감이니 뭐니 하는 팔자 좋은 소리를 늘어놓을 수 있는 건 그래서다.

### 3

## 사랑받지 못하는 남자를 구해줄 평강 공주는 없다

　어떤 여자들은 운명을 말하기도 한다. 자기 할 일 열심히 하면서 기다리다 보면 자연스럽게 인연이 다가올 거라고 한다. 그러니 조급해하지 말라고 한다. 하지만 그 또한 남자인 당신에겐 해당 사항이 없는 이야기다. 남자들은 여자를 만나기 위해 많은 노력을 기울인다. 주말 밤만 되면 외로운 남자들로 나이트클럽이나 헌팅 포차가 넘쳐나고, 번화가의 술집들은 연락처 좀 알려달라며, 제 스타일이라며, 같이 술 한잔 하자며 여자들에게 들러붙는 남자들로 문전성시를 이룬다. 여자들의 휴대폰에는 동호회 오빠, 회사 과장님, 대학 남자 동기들이 보내온 메시지들이 쌓여 있고, 인스타그램에는 남자들이 누른 '좋아요'와 댓글들이 쌓여 있다.

　그러니 여자들은 해야 할 게 많지 않다. 동호회에 나가면 먼저 말을 걸어주는 남자들이 생기고, 소개팅 어플을 깔면 쪽지를 보내오는 남자들이 있고, 나이트 클럽이나 번화가의 술집에 가면 합석을 제안하는 남자들이 있다. 그중에 옥석을 가려내기만 하면 된다. 여중 여고 여대를 나와서 소개팅도 안 받고 여타 사교 활동도 하지 않고 집 안에만 박혀 있는 극단적인 경우가 아니라면 어떻게든 남자를 만날 길이 열린다. 그래서 여자들 중에는 인연이라는 불확실한 말을 믿는 사람들이 많다.

하지만 남자들은 다르다. 기다린다고 인연이 다가오지 않는다. 모태솔로 남자가 러닝 동호회에 나가서 열심히 달리기를 하면 어떻게 될까? 어떻게 되긴 어떻게 돼. 달리기를 잘하는 모솔남이 되지. 잘생긴 외모와 우람한 체격, 전문직 직함을 갖춘 상위 1%의 육각형 남자가 아니라면 가만히 있는 남자에게 다가올 여자는 없다.

그러니까 스스로 다가가야 한다. 여자의 마음을 얻어내야 한다. 무에서 유를 창조해내야 한다. 그렇기 때문에 남자에겐 기술이 필요하다. 여자들이 좋아하는 분위기의 음식점과 카페가 어디인지 알아야 하고, 여자들이 좋아하는 유튜브니 예능, 드라마 프로그램을 꿰고 있어야 한다. 여자들의 미묘한 호감 표시를 캐치하되 확대 해석하진 말아야 한다. 여자에게 다정하고 매너 있게 행동하되 때로는 이 남자가 정말로 날 사랑하는 건지 헷갈리게 만들 줄도 알아야 한다. 여자를 웃겨주되 우스운 남자가 되지는 말아야 한다. 진중하되 부담이 되지는 않는 방식으로 여자에게 마음을 표현할 줄 알아야 한다.

  그래서 경험이 필요하다. 물론 주변에 연애 잘하는 친구에게 조언을 들을 수도 있고, 유튜브나 책에서 연애에 도움이 될 만한 정보를 얻을 수는 있을 것이다. 하지만 그런 건 아무런 소용이 없다. 그 조언과 정보들을 활용하는 건 결국 나이기 때문이다. 영화 〈내 머릿속의 지우개〉에서 정우성은 손예진에게 소주잔을 내밀며, "이거 마시면 나랑 사귀는 거다."라고 말했다. 많은 여자 관객들은 이 장면을 보고 너무 멋있고 로맨틱하다며 찬사를 보냈다. 하지만 우리가 저 대사를 따라 하면 어떻게 될까? 손에 들고 있던 소주잔을 빼앗아서 우리 얼굴에 뿌려버릴 것이다. 우리의 얼굴과 목소리, 분위기는 정우성의 그것처럼 로맨틱하지 않기 때문이다.

  물론 연습을 할 수는 있을 것이다. 매일 30분씩 거울을 보고 정우성의 우수에 찬 눈빛과 나지막한 목소리를 따라 하다 보면 조금이나마 그에 가까워질 수는 있을 것이다. 하지만 그런다고 문제가 해결되지는 않는다. 타이밍의 문제가 남아있다. "이거 마시면 나랑 사귀는 거다."라는 대사가 로맨틱하게 들리는 가장 큰 이유는 물론 정우성이 잘생기고 멋있어서지만 그게 전부는 아니다. 늦은 새벽, 아무도 없는 변두리 포장마차, 술에 취한 두 남녀, 그리고 둘을 감싸는 감미로운 재즈 음악. 그 모든 게 맞물려서 명장면이 탄생한 것이다. 그런 순간은 자주 찾아오지 않는다. 그 순간을 캐치해야 한다. 찰나의 망설임 때문에 여자를 로맨스 영화의 주인공으로 만들어줄 수 있는 순간을 놓쳐서도 안 되고, 어설픈 치기나 조급함 때문에 내 마음을 받아줄 준비가 되지 않은 상대 앞에서 섣불리 내 패를 까 보여서도 안 된다. 언제 어떤 방식으로 마음을 표현할지, 언제 입술을 내밀고 언제 옷을 벗길지를 알아야 한다. 하지만 그건 아무도 가르쳐줄 수 없다. 미리 연습을 해볼 수도 없다. 여자 앞에서 직접 해봐야 한다. 결국에는 실전이다. 카톡 차단도 당해보고, 여자한테 욕도 먹어보고, 동호회에서 강퇴도 당해보면서 배워야 하는 것들이다.

"아니 시x, 다 경력만 뽑으면 나 같은 신입은 어디 가서 경력을 쌓냐!"
- 유병재, <SNL 코리아 시즌5> '면접전쟁' 中, 2014.10.4

하지만 문제는, 경험이 없으면 경험을 쌓을 수도 없다는 것이다. 인간은 적응의 동물이다. 2억짜리 포르쉐 슈퍼카도, 강남 압구정동 50억짜리 아파트도 다 익숙해진다. 심지어 불행마저 그렇다. 군대에 처음 들어갔을 때는 여기서 어떻게 2년을 버티나 싶지만 1년쯤 지나면 내 집처럼 익숙하고 편해진다. 부모님이 돌아가셨을 때는 하늘이 무너진 듯 통곡을 하지만 시간이 지나면 이조차도 익숙해진다. 연애도 그렇다. 첫사랑은 달달하고 설렌다. 하지만 여러 이성을 만나다 보면, 혹은 한 사람과 길게 만나다 보면 무뎌진다. 그래서 십 대와 이십 대, 삼십 대의 사랑은 다르다. 십 대의 사랑은 순수하지만 서툴고 삼사십 대의 사랑은 더 현명하고 성숙하지만 십 대 때처럼 순수하고 솔직하지만은 않다.

여자는 자연스럽게 그걸 배울 수 있다. 가만히 있으면 남자가 다가오기 때문에 연애를 하겠다는 마음만 먹으면 언제든지 시작할 수 있다. 그러면 경험치가 자연스럽게 쌓인다. 남자를 설레게 하는 법, 관계에서 주도권을 쥐는 법, 밀당을 하는 법 등을 익히게 된다. 설령 모태솔로라도 문제가 되지 않는다. 어차피 남자가 알아서 연락하고, 고백하고, 손잡고, 침실로 데려갈 테니 여자는 따라오기만 하면 된다. 여자에게 필요한 건 단 하나, 연애를 시작하겠다는 마음이다.

하지만 남자는 다르다. 가만히 앉아서 기다리는 남자에게는 인연이 다가오지 않는다. 아무도 다가오지 않으니 연애를 할 수도, 경험을 쌓을 수도 없다. 하지만 그와 상관없이 시간은 흐르고 나이는 먹는다. 현실적으로 내가 만날 수 있는 여자들의 나이도 올라간다. 나는 더 능숙하고 영악해진, 어지간한 걸로는 설레지 않는 여자들을 상대해야 한다. 하지만 여자를 대하는 내 방식은 여전히 십 대에 머물러 있다. 그게 통할 리가 없다. 그러면 또 거절당하고, 연애 경험을 쌓을 기회를 박탈당하게 될 것이다. 그 격차가 커지다 보면 도저히 따라잡을 수 없는 지경에 이르게 된다. 그걸 우리는 도태라고 부른다.

그렇기 때문에 남자는 꼭 여자를 만나야 한다. 성안에 갇힌 공주님을 구해줄 백마 탄 왕자들은 차고 넘치지만 바보 온달을 구해줄 평강 공주는 세상에 없다.

모솔남의 무한 루프

( 3장 )

## 모솔은 왜
## 연애에 실패하는가?

모솔학개론
Mosology

얼굴이 못나서. 키가 작아서. 돈이 없고 직업이 안 좋아서.

왜 지금까지 연애를 못 했냐는 질문을 받았을 때 모솔남들이 제일 많이 하는 말이다. 틀린 말은 아니다. 돈이 많고 잘생기고 키가 크면 당연히 연애를 하기에 유리할 것이다. 여자들이 그런 남자를 원하니 말이다.

그런데 과연 그게 전부일까? 얼굴이 못나고 키가 작고 조건이 안 좋아서 연애를 하지 못하는 것이라면 연애를 하고 있는 사람들은 다들 우리보다 키가 크고 잘생기고 돈이 많아야 한다. 그런데 그러한가? 주변에 연애를 하고 있거나 결혼을 한 사람들은 다 우리보다 잘났나? 당신 아버지는 당신보다 그렇게 잘생겼고, 그렇게 직업이 좋아서 어머니를 만나고 당신을 낳았을까?

아마 아닐 것이다. 잘난 것 하나 없이 평범한 사람들도 다들 제각기 짝을 만나 결혼하고 아이 낳고 잘 산다. 그렇다면 뭐가 문제일까? 우리는 무엇을 놓치고 있는 걸까? 어쩌면 문제는 우리의 내면에 있는 게 아닐까? 성형 수술을 하고 살을 빼는 것보다, 전문직 시험에 합격하는 것보다도 고치기 어려운 무언가가 우리 안에 숨어 있는 게 아닐까? 그 잔혹한 진실을 마주하지 않기 위해서 우리는 외모나 키, 직업이라는 핑계를 대고 있는 건 아닐까?

3장

1

키, 외모, 조건.
대체 뭐가 문제일까?

여자들은 어떤 남자를 만나고 싶어 할까? 가장 쉽게 생각할 수 있는 건 잘난 남자다. 당연한 일이다. 남녀는 서로 최대한 매력적인 짝을 만나고 싶어 한다. 그러니까 당연히 잘나면 이성을 만나기에 유리하고 못나면 불리할 것이다. 너무나 당연하게도, 모태솔로들이 연애를 해보지 못한 이유는 못나서일 것이다. 그들이 잘났다면 어련히 누군가로부터 선택을 받았을 것이다.

그렇다면 잘났다는 건 뭘까? 여자들이 생각하는 잘난 남자란 어떤 걸까? 여자가 남자의 매력을 평가하는 지표에는 어떤 것들이 있을까? 그걸 갖고 있거나 갖지 못한 남자들은 연애 시장에서 어떤 취급을 받을까?

# 1

## 잘생기기만 한 남자 vs 못생겼지만 다 가진 남자

 남자는 예쁜 여자를 좋아한다. 아이도 어른도, 부자도 빈자도 모두 예쁜 여자를 좋아한다. 워낙에 예쁜 여자라면 사족을 못 쓰다 보니 성에 관련한 문제로 신세를 망치는 일도 부지기수다. 성 추문으로 불명예스럽게 은퇴한 유명인, 로맨스 스캠을 당해서 큰 돈을 날린 남자, 인터넷 방송 여자 BJ에게 별풍선을 쏘아대는 남자. 예쁜 여자에 얽힌 남자들의 흑역사는 셀 수도 없이 많다.

 여자들은 이런 남자들의 모습을 한심해한다. 남자들은 정신 연령이 낮고, 미성숙해서 여자의 인성이나 커리어, 지성과 같은 다양한 매력들을 볼 줄 모른다고 한다. 이런 남자들의 미숙함은 많은 코미디 프로그램에서 소재로 쓰이기도 한다.

 PC주의자[5]들은 이걸 사회 문제로 공론화하기까지 한다. 포르노 배우들과 여자 연예인, 인플루언서들로 왜곡된 남자

---

5    정치적 올바름(Political Correctness)의 준말. 특정한 성별, 인종, 지역 등에 대한 편견이나 차별을 지양하려는 신념을 가진 사람들.

들의 미의 기준에 맞추느라 여자들은 많은 고통을 겪고 있다고 말한다. 성형수술, 다이어트로 인한 영양 불균형과 거식증 등이 대표적인 사례이다. 이들은 플러스 사이즈 모델이나 흑인 모델 등 기존의 미의 기준으로부터 소외되어왔던 집단을 전면에 내세움으로써 다양한 미의 기준들이 존중받는 세상을 만들기 위해 노력하고 있다.

그렇다면 여자들은 어떨까? 여자들은 남자들보다 더 고차원적이고 성숙한 존재들이니 남자의 외모보다 내면의 진정성을 더 중요하게 볼까? 못생긴 남자와 잘생긴 남자를 똑같이 대할까?

『빅데이터 인간을 해석하다』라는 책의 저자인 크리스티안 루더는 미국의 데이터 과학자이자 매월 1천만 명 이상이 이용하는 소개팅 어플리케이션인 OK큐피드의 설립자다. 그는 OK큐피드 이용자들을 대상으로 한 빅데이터 분석을 통하여 남녀 관계에 대한 여러 가지 흥미로운 사실들을 밝혀냈다. 그중 하나는 여자들이 남자의 외모를 훨씬 까다롭게 따진다는 점이다. 그는 5,100만 명의 OK큐피드 사용자들에게 서로의 외모를 평가하게 했다. 가장 잘생긴 이성에게 5점, 못생겼다고 생각하는 이성에게 1점을 주게 해서 각각의 사용자들이

받은 평점을 도수분포표로 만든 것이다.

  결과는 꽤 흥미로웠다. 우선 여자들의 최빈값은 3점, 딱 중간이었다. 3점 이하를 받은 여성은 56%, 이상을 받은 여성은 44%였다. 여기까지는 별로 놀랍지 않다. 만약 인공지능이 여자들의 외모를 완벽히 객관적으로 판단해서 상위 1%부터 100%까지 예쁜 순서대로 줄을 세운다면 3점 이하의 여성이 딱 50%, 이상인 여성도 50%가 나올 것이다. 남자들이 여자의 외모에 대해 내린 평가는 이러한 완벽히 이상적이고 객관적인 평가에서 6% 벗어났다. 남자들은 44%의 여자들을 '평균 이상의 괜찮은 외모를 가진 여자'로 평가했다. 물론 딱 50%가 나왔다면 좋았겠지만, 남자들도 예쁜 여자를 만나고 싶어서 소개팅 어플에 가입했을 테니 아마 그건 불가능할 것이다.

  그런데 여자들이 남자들에게 매긴 평점은 훨씬 혹독했다. 최빈값은 2점이었고 3점 이상을 받은 남자들은 16%에 불과했다. 여자들은 84%의 남자들을 못생겼다고 평가한 것이다. 그럭저럭 만나볼 만한 남자로 평가받으려면 최소 상위 16%에는 들어야 하는 것이다.

  내 개인적인 경험을 되짚어봐도 그랬다. 물론 예쁜 여자가 좋았지만 예쁘지 않은 여자라 해서 딱히 홀대하진 않았다.

당연히 먼저 연락을 했고 당연히 분위기 좋은 레스토랑에 데려갔고 당연히 돈을 썼고 당연히 애프터를 했다. 나는 대부분의 여자들을 '더 만나볼 만한 여자'로 평가했다.

하지만 여자들이 본 내 모습은 그렇지 않았다. 나는 키가 크지도, 잘생기지도 않았다. 하지만 키가 작지도, 그렇게 못나지도 않았다. 하지만 연애에서의 전적은 말 그대로 처참했다. 아무리 눈을 낮춰도 끝이 없었다. '에이, 그래도 설마 이 정도한테 차이진 않겠지.' 했던 여자들에게조차도 퇴짜를 맞았다. '내가 4점이나 5점을 바라는 것도 아닌데 왜 이렇게 연애가 어려운 거지?', '딱 3점. 평범한 키에 평범한 몸에 평범한 얼굴. 어쩌면 그것도 안 될 법한 여자인데 뭘 믿고 저렇게 도도하게 구는 거지?' 했다.

하지만 상위 16%에 들 수 있는 잘생긴 남자들은 달랐다. 그들의 휴대폰에는 여자들로부터 온 메시지들이 읽지도 않은 채 쌓여 있었다. 사진을 보니 하나같이 다 예뻤다. 나한테는 눈길 한번 주지 않을 법한 도도한 그녀들이 그에게는 이모티콘을 섞은 장문 카톡을 보내며 한 마디라도 더 대화를 이어 나가고자 노력하고 있었다. 여자가 먼저 다가와서 연락처를 물어본 경험, 원나잇을 제안받은 경험. 심지어 그걸 거절한 경험. 나처럼 평범한 남자들은 망상 속에서도 겪어보지 못할 꿈 같은 일들이 그들에게는 현실로 펼쳐져 있었다.

왜 그런 걸까? 남자들이 예쁜 여자만 좋아한다는 정설과 달리 남자들은 예쁜 여자와 못난 여자 사이에 큰 차별을 두지 않는다. 여자의 외모에 전반적으로 관대하다. 반면 여자들은 남자의 외모를 많이 따지지 않는다고 알려져 있지만 현실은 그렇지 않다. 남자들이 여자를 평가할 때보다 훨씬 혹독한 기준으로 남자의 외모를 평가하고, 그 기준에 미치지 못하는 84%의 남자들에게는 철저한 무관심으로 응대한다. 그리고 그들에게 아껴두었던 관심과 애정, 헌신을 상위 16%의 알파남들에게 집중시킨다. 그래 놓고 한국 사회는 남성 중심 사회라며, 여성으로 살아가는 게 너무 힘들다며 목소리를 높인다. 알파남에게 뺨 맞고 베타남에게 눈 흘기는 격이다. 대체 그녀들은 왜 그러는 걸까?

  첫 번째 이유는 실제로 잘생긴 남자의 개체 수 자체가 적기 때문이다. 길을 걷다 보면 예쁜 여자는 쉽게 찾을 수 있다. 섹시한 여자도, 귀여운 여자도, 스타일이 좋은 여자도, 몸매가 예쁜 여자도 많다. 하지만 잘생긴 남자를 찾기란 쉽지 않다. 신사동 가로수길이나 압구정 로데오 같은 핫플레이스를 가도 한두 명 보일까 말까다. 타고난 유전자의 문제는 아니다. 조선 시대에 흑백 카메라로 찍은 사진을 보면 남자나 여자나 별 차이가 없다. 타고난 유전자는 남자나 여자나 거기서 거기다. 하지만 매력적인 외모를 갖기 위한 후천적 노력의 정도는 다르다. 여자들에게는 아름다움에 대한 사회적 압력이 가해진다. 그래서 다들 예뻐지려고 노력한다. 화장을 하고, 다이어트를 하고, 보톡스나 필러, 레이저 시술을 받고, 성형 수술까지 한다. 그래서 예쁜 여자는 많다. 날 때부터 예쁜 여자는 흔치 않지만 예뻐진 여자는 많다.

하지만 남자들에게는 외모의 힘이 여자들만큼 절대적이지는 않다. 여자는 남자를 보다 다면적으로 평가하기 때문에 남자는 외모가 매력적이지 않더라도 높은 소득이나 유머러스한 화술, 건장한 체격으로 어느 정도 커버할 수 있다. 그래서 여자들만큼 외모에 공을 많이 들이진 않는다. 대부분은 그냥 생긴 대로 산다. 피부과 시술이나 화장은 고사하고, 평생 선크림 한 번 안 발라본 사람도 많다. 외출 준비할 때도 여자는 몇 시간이 걸리지만 남자는 15분 이내에 머리 감고 말리고 옷 입고 나올 수 있다. 물론 그렇다고 해서 남자의 삶이 편한 건 아니다. 남자는 외모를 제외한 모든 것이 여자보다 우월해야 한다. 유쾌하되 경박해선 안 되고, 다정다감하고 배려심이 넘치되 때로는 남자다운 카리스마로 여자를 휘어잡을 줄도 알아야 하고, 자신감이 넘치되 무례하고 건방지지는 않아야 한다. 이 모든 걸 갖추면서 외모까지 가꾸길 바라는 건 너무 과한 요구일 수 있다. 하지만 어쨌거나 남자는 적어도 외모에 한해서는 여자보다 자유롭다. 그래서 잘생긴 남자의 수는 예쁜 여자에 비해 상대적으로 적다. 희소성이 있으니 그 가치는 자연히 올라갈 수밖에 없다.

 두 번째 이유는, 잘생긴 남자들이 대체로 성격도 더 매력적이기 때문이다. 여자들이 무조건 잘생긴 남자만 좋아하는 건 아니다. 유머러스함과 자신감 넘치는 태도, 여유로움, 그리고 이런 것들을 종합한 '매력'은 때로 외모라는 장벽을 뛰어넘을 수 있을 정도로 강력한 힘을 발휘하기도 한다. 17세 연하의 아내와 결혼한 코미디언 박휘순이나 김혜수와 연애를 했던 배우 유해진처럼 말이다.

 하지만 문제는 이런 매력들조차 잘생긴 외모와 상관관계를 갖고 있다는 것이다. 선천적인 건 아니다. 잘생긴 외모를 타고난 사람이라 해서 유머러스하고 세심한 기질까지 타고나는 건 아니다. 누군가는 공부를 잘하고 누군가는 노래를 잘 부르고 누군가는 운동을 잘하듯, 잘생긴 외모 역시 세상의 다양한 사람들이 갖고 있는 다양한 재능들 중 하나일 뿐이다.

 하지만 이 재능은 나머지 재능들과 다른 점이 있다. 그건, 아름다움이라는 한 가지의 장점이 유머러스함, 사회성, 자존감과 같은 다른 장점들로 확산되는, 스노우볼 효과를 일으킨다는 것이다. 유머를 예로 들어보자. 유머러스한 사람이 되려면 뭘 해야 할까? 만득이 시리즈를 외우고 영구와 땡칠이 성대모사를 연습하면 될까? 틀렸다. 기세가 있어야 한다. 아무리 웃긴 이야기라 하더라도 익살스러운 표정과 제스처, 말투로 감칠맛을 살려주지 못한다면 그 유머는 생명력을 잃게 된다. 기세가 중요한 건 그래서다. 설령 내가 썰렁한 농담을 던지더라도 사람들이 웃으면서 호응해 줄 거라는 확신이 필요하다. 못생긴 이들이 유쾌하고 유머러스한 성격을 갖기 어려운 건 그 때문이다. 그들은 어려서부터 주변으로부터 많은 거절과 부정적인 피드백을 받는다. 이로 인해 그들의 마음속엔 두려움이 자라난다. '괜한 이야기를 했다가 분위기만 썰렁해지는 거 아냐?', '아무도 안 웃어주면 어떡하지?', '차라리 그냥 가만히 있으면 중간이라도 가지 않을까?' 그래서 그들은 재미난 이야기가 떠올라도 그걸 입 밖으로 내지 못한다. 머뭇거리다가 타이밍을 놓쳐버리거나, 용기 내어 이야기를 꺼내도 유머의 맛을 살리지 못해서 오히려 분위기를 더 어색하게 만들어버린다.

  하지만 잘생긴 이들은 다르다. "아기가 예쁘네요. 딸이에요?" 하면서 무심결에 건네는 칭찬, 유치원이나 초등학교에서부터 받는 여자아이들의 호기심 어린 시선. 그런 것들을 통해 그들은 자기에게 '아름다움'이라는, 사람들로부터 즉각

적이고 본능적인 호의를 이끌어 내는 천부적인 재능이 있다는 걸 알게 된다. 그렇게 그들에겐 기세가 만들어진다. 별것 아닌 이야기도 맛깔나게 살릴 수 있는 유쾌한 분위기가 감돈다. 그렇게 해서 잘생긴 사람은 잘생긴 데다 유쾌하고 재밌기까지 한 사람이 되고, 못생긴 사람은 못생긴 데다 지루하고 음침하기까지 한 사람이 된다.

자존감이나 여유로움 같은 것도 마찬가지다. 잘생긴 사람은 누군가 무례한 행동을 하거나 자기를 웃음거리로 만들려 해도 예민하게 반응하지 않고 웃어넘긴다. 한두 사람이 그를 깎아내리려 한들 자기가 갖고 있는 본연의 가치에는 손톱만 한 흠집도 나지 않는다는 걸 알기 때문이다. 하지만 못생긴 이들은 그럴 수 없다. 칭찬이나 호의보다는 무관심과 멸시가 더 익숙하기 때문에 상대방이 무심결에 한 말이나 행동에도 "너 내가 우스워 보여서 그러는 거지?" 하며 날선 반응을 보이게 된다.

마지막 세 번째 이유는 설령 못생긴 남자들이 그들에게 주어진 온갖 역경을 이겨내고 자존감과 유쾌함, 마음의 여유를 가진 사람이 된다 해도 대부분의 여자들은 그 진가를 알아보지 못한다는 점이다. 인간에게는 확증편향성이라는 심리적 경향이 있다. 말 그대로, 자기가 이미 알고 있는 정보를

'확'인하고 '증'명해주는 정보만 '편향'적으로 받아들인다는 뜻이다. 인간의 뇌는 체중의 약 2%를 차지한다. 하지만 하루에 소모하는 칼로리는 3~400kcal이다. 기초대사량의 20%에 해당한다. 말하자면, 뇌는 연비가 매우 안 좋은 기관이다. 그러니까 너무 자주 쓰면 안 된다. 요즘 세상에야 편의점에 가서 천 원만 내면 칼로리 덩어리인 과자나 빵을 살 수 있지만 굶주림에 시달리던 원시 인류에게는 뇌를 많이 사용하는 것 자체가 생존에 위협이 되는 행위였다. 그래서 인류는 뇌를 가급적 사용하지 않도록 진화했다. 기존과는 다른 방식의 사고를 요구하는 정보는 걸러내고, 고정관념을 재확인시켜주는 정보들만 선택적으로 받아들이도록 진화했다. 기초대사량의 20%를 소비하는 뇌를 가급적 사용하지 않음으로써 즉, 생각을 하지 않음으로써 우리는 에너지를 아끼고 생존율을 높일 수 있다.

새로운 사람을 마주쳤을 때도 마찬가지다. 우리의 뇌는 상대방이 자기의 진면목을 보여줄 때까지 충분히 기다려주지 않는다. 우리가 지금까지 쌓아온 인간에 대한 카테고리 중 어디에 상대방을 집어넣을지 3초 만에 결정해 버린다. '의사라고? 똑똑하겠네.', '경상도 남자라고? 보수적이겠네?', '외동아들이라고? 오냐오냐 하면서 컸겠네.' 하는 식으로. 그렇게 만들어진 누군가에 대한 첫인상은 쉽게 바뀌지 않는다.

상대방으로부터 새로운 점들을 발견하고, 그가 어떤 사람인지 새로운 언어로 규정하는 건 너무 많은 칼로리를 소비하는 행위이기 때문이다.

 못생긴 남자들은 그래서 호감을 얻기 어렵다. 애초에 첫인상이 안 좋으니, 같은 행동을 해도 더 부정적인 방향으로 해석되곤 한다. 잘생긴 남자가 공무원이라고 하면 '공무원? 겉으로 보기에는 놀기 좋아할 것 같은데 성실하고 안정적인 타입인가 보네?' 하더니 못생긴 남자에게는 '공무원이라고? 남들 연애도 하고 여행도 다니고 재밌게 놀 때 공부만 했나 보네.' 해버린다. 그 편견을 극복하는 건 쉬운 일이 아니다. 한편 잘생긴 남자에겐 모든 게 쉽다. 좋은 첫인상을 망칠 정도로 엉망이지만 않으면 된다. 연락이 잘 안 되면 '여자에 연연하기보다 자기 생활에 충실한 편인가 보구나. 더 매력적인데?' 하고, 돈을 잘 안 쓰면 '경제관념이 철저한 남자구나. 결혼 상대로 좋겠네.' 한다. 어지간한 건 여자들이 알아서 좋게 해석해 준다.

 이렇게 말하면 여자도 마찬가지라고 할 것이다. 물론 맞는 말이다. 예쁜 여자의 삶은 당연히 못생긴 여자의 삶보다 편하고 즐겁다. 더 좋은 남자들을, 더 쉽게, 더 많이 만날 수 있다. 하지만 못생긴 남자와 잘생긴 남자만큼 극적인 차이가 나진 않는다. 못생긴 여자라 해도 그들을 공주님처럼 떠받들어줄 최소한의 수요층이 있기 때문이다. 만약 우리가 사막에서 2박 3일 동안 아무것도 먹지 못한 채 헤매고 있다면 유통기한이 지난 음식이라도 먹고, 썩은 물이라도 마시려 할 것이다. 한편 먹고 싶은 걸 뭐든지 먹을 수 있을 정도로 가진 게 많다면 굳이 몸에 좋지 않고 맛도 없는 음식을 먹으려 하지 않을 것이다. 남녀 관계도 그렇다. 여자들은 대개 남자라면 아무나 다 만나겠다고 할 만큼 남자에 굶주려 있지는 않다. 좋은 남자, 나쁜 남자를 분별할 마음의 여유가 있다. 하지만 남자들에겐 그런 여유가 없다. 여자를 안고 싶은 마음은 굴뚝같지만 그들의 말라 빠진 가슴에 안겨줄 여자는 없다. 그래서 눈을 점점 낮추게 된다. 그냥 여자라면 다 좋다고 하는 남자들도 많다. 그렇기 때문에 못생긴 여자라도 최소한의 수요는 있다. 그 남자들이 자기가 원하는 수준에 미치지 못한다는 게 문제지, 정말로 남자가 없어서 문제인 경우는 거의 없다. 하지만 못생긴 남자는 정말로 수요가 없다. 온 세상을 다 뒤져도 안 될 만큼 절망적이다.

## 2

## 185cm 100kg 근육맨 vs 175cm 60kg 아이돌

외모를 전혀 보지 않는다고 말하는 여자들이 꽤 많다. 하지만 그건 외모를 얼굴 이목구비의 생김새에 국한했을 때의 이야기다. 키와 체격, 풍채. 한 마디로 피지컬까지 외모에 포함한다면 이야기는 달라진다. 얼굴 안 보는 여자는 있어도 피지컬 안 보는 여자는 없다.

그중에서도 키는 단연 중요한 요인이다. 데이팅 앱 아만다에서 400만 명의 2030 남녀회원을 대상으로 진행한 설문[6]에 따르면 여자들이 택한 남자의 가장 이상적인 키는 176~180cm였다. 41%의 여자들이 이 구간을 택했다. 한편 186cm 이상은 8%가 나왔다. 의외의 결과다. 176~180cm가 제일 많다고? 여자들은 무조건 180cm 넘는 남자를 좋아하는 거 아니었나? 그리고 186cm 이상이 8%밖에 나오지 않았다

6 한영훈, "데이팅 앱서 인기 높은 키는 여성 '161~165cm', 남성 '176~180cm'", nate 뉴스, 2017.12.4

고? 역시 너무 크면 호불호가 좀 갈리는 건가? 아마 당신은 이렇게 생각할 것이다.

하지만 함께 고려해야 할 변수가 있다. 전체 인구에서 해당 구간이 차지하는 비율이다. 여자들 중 186cm 이상의 남자를 선호한다고 답한 건 8%뿐이지만 186cm 이상인 남자는 애초에 3%밖에 안 된다. 계산해보면 2.67배다. 남녀의 생물학적 성비가 1:1이라고 전제했을 때, 186cm 이상의 구간에서는 2.67명의 여자가 남자 한 명을 사이에 두고 쟁탈전을 벌이는 모양새가 나타나게 되는 것이다. 이를 토대로 남녀의 키 구간별 실질 선호도를 구해서 아래와 같이 그래프로 나타내 보았다.

| 성별 | 키 | 선호도 | 인구 비율 | 실질 선호도 (인구 비율/선호도) |
|---|---|---|---|---|
| 남자 | 170 이하 | 0% | 13% | - |
| | 171~175 | 13% | 33% | 0.39 |
| | 176~180 | 41% | 35% | 1.17 |
| | 181~185 | 38% | 16% | 2.38 |
| | 186 이상 | 8% | 3% | 2.67 |
| 여자 | 155 이하 | 3% | 7% | 0.43 |
| | 155~160 | 23% | 29% | 0.79 |
| | 161~165 | 42% | 37% | 1.14 |
| | 166~170 | 28% | 23% | 1.22 |
| | 170 이상 | 4% | 4% | 1.00 |

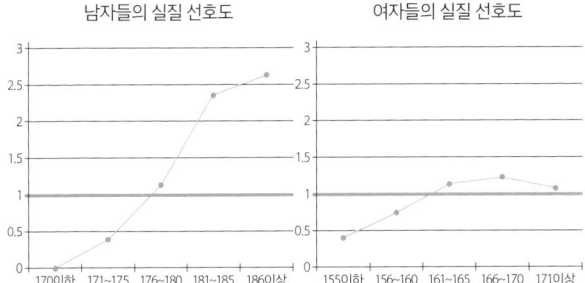

위 그래프에서 여자들의 키 구간에 따른 실질 선호도는 기준선인 1을 중심으로 모여 있다. 하위 3%에 속하는 155cm 이하는 0.43으로 불리하지만, 155cm만 넘어도 0.79로 크게 불리하지 않다. 166~170cm 구간은 가장 많은 선택의 자유를 누릴 수 있지만 1.22로 1에서 크게 벗어나진 않는다. 흔히 여자가 키가 너무 크면 남자들이 부담스러워한다고 하지만 170cm 이상의 구간도 1.00이다. 유리하지도 불리하지도 않은, 딱 1대1의 실질 신호도를 갖고 있다. 여자들은 하위 3%만 아니면 키가 작건 크건 남자를 만나는 데 큰 불리함이 없다는 걸 알 수 있다.

하지만 남자들에 대한 여자들의 실질 선호도는 키와 정비례한다. 남자들의 평균 키인 174cm가 속해있는 171~175cm 구간의 실질 선호도는 0.39다. 약 2.5명의 남자가 1명의 여자를 두고 경쟁을 벌여야 한다. 여자들 중 하위 3% 구간에 속하는 155cm 이하보다도 더 불리하다. 하지만 불평하긴 이르다. 170cm 이하는 계산이 아예 불가능하다. 선호하는 여자가 0%라서 그렇다. 거의 절반(170cm 이하 13% + 171~175cm 33% = 46%)의 남자들이 175cm가 되지 않는데 이들을 만나고 싶어 하는 여자는 13%밖에 없다. 그리고 키가 커질수록 남자들의 실질 선호도는 기하급수적으로 증가한다. 가장 선호도가 높았던 176~180cm 구간은 의외로 1.17로 표준에 근접한 수준이고, 180cm가 넘어가면 2가 넘어간다. 호불호가 있을 거라 여겼던 186cm 이상에서는 통념과 달리 가장 많은 선택의 자유를 누릴 수 있다.

키가 큰 남자는 연애에서 절대적으로 유리하다. 호불호조차 존재하지 않는다. 무조건 크면 클수록 좋다. 반대로, 키가 작은 남자는 가히 절망적이다. 재력이건 화법이건 근육이건, 엄청난 매력을 갖고 있지 않는 한 상쇄할 수 없다.

키 다음은 덩치다. 여자들은 뚱뚱한 남자를 좋아할까, 아니면 마른 남자를 좋아할까? 당연히 나올 덴 나오고 들어갈 덴 들어간 남자를 좋아한다. 강호동이나 마동석처럼 우람한 어깨를 가졌지만 허리에는 군살 하나 없고 얼굴은 아이돌 그룹 멤버처럼 주먹만 한, 순정 만화에 나올 것 같은 체형의 남자를 좋아한다. 하지만 그런 남자는 흔치 않다. 그래서 대개는 둘 중 하나를 택해야 한다. 듬직하지만 뚱뚱한 남자와 날씬하지만 빈약해 보이는 남자. 여자들의 선택은 어느 쪽일까?

중국 과학원에서 중국, 영국, 리투아니아 여성 283명을 대상으로 어떤 체형의 남성을 선호하는지에 대한 설문[7]을 한 적이 있었다. 연구자들은 여성들에게 다양한 체질량 지수(BMI)를 가진 남자들의 사진을 보여주고, 제일 매력적으로 보이는 남성을 고르도록 했다. 설문에 따르면 여자들이 가장 선호하는 체질량 지수는 23~27이었다고 한다. 이를 175cm 기준 체중으로 환산하면 70.4~82.7kg으로 평균 체중(56.0~69.9kg)의 범주를 넘어선 과체중에 속한다.

한국의 직장인 익명 커뮤니티인 블라인드에서 실시한 설문에서도 비슷한 결과가 나왔다. 248명의 여성을 대상으로 어떤 체형의 남성을 선호하는지에 대한 설문을 실시했는데 '듬직' 구간에 속하는 '탄탄듬직', '듬직듬직', '통통듬직'의 합계가 57%로 '보통~마른' 구간에 속하는 '탄탄보통', '슬림보통', '슬림마른'을 합한 43%를 압도했다. 특히 가장 마른 체형에 속하는 슬림마른은 여섯 가지 체형 중 4%로 꼴찌를 차지했다.

---

[7] 최혜승, "배 살짝 나온 '아재 몸매'가 더 매력적… 여성이 선호하는 남성 체형 보니", 조선일보, 2025.7.7

| 체형 | | 득표수 | % | 순위 |
|---|---|---|---|---|
| 듬직 | 탄탄듬직스타일 | 104 | 42% | 1 |
| | 듬직듬직스타일 | 21 | 8% | 4 |
| | 통통듬직스타일 | 16 | 6% | 5 |
| | 소계 | 141 | 57% | |
| 보통<br>~마른 | 탄탄보통스타일 | 68 | 27% | 2 |
| | 슬림보통스타일 | 29 | 12% | 3 |
| | 슬림마른스타일 | 10 | 4% | 6 |
| | 소계 | 107 | 43% | |
| 총합계 | | 248 | 100% | |

블라인드 익명 게시글 〈여자들이 선호하는 남자 체형 스타일〉 2018.05.03.

물론 두 설문의 결과를 100% 신뢰하기엔 부족한 점들이 있다. 위에 언급한 중국 과학원의 설문조사는 한국이 아니라 중국, 영국, 리투아니아 여성을 대상으로 한 것이다. 세 국가 중 중국은 한국과 비슷한 문화적 배경을 갖고 있긴 하지만 차이점도 있다. 남자의 체형에 따른 여성의 선호도 역시 완벽히 일치하지는 않을 것이다. 블라인드에서 실시한 설문도 마찬가지다. 이 설문에서는 남자들의 체형을 사진으로 보여주지도, 체중이나 체지방률 같은 객관적 지표를 사용하지도 않았다. '듬직', '보통', '마른' 같은 단어만 보여주었다. 그렇기 때문에 어감에 따른 선호도의 왜곡이 나타났을 가능성도 있다. 만약 듬직이 아니라 비만이라는 표현을 썼다면, 마른이 아니라 모델형이라는 표현을 썼다면 결과는 달라졌을지 모른다. 하지만 이 설문을 통해 여자들이 적어도 대체적으로는 마른 남자보다 통통하고 듬직한 남자를 더 선호한다는 걸 알 수 있다.

얼핏 생각하면 이상하게 들린다. 살을 빼긴 어렵다. 야식이나 술, 기름진 음식을 많이 먹지 말아야 하고, 하기 싫은 운동을 해야 한다. 하지만 살을 찌우는 건 너무나 쉽다. 먹고 싶은 거 다 먹고 놀고 싶은 거 다 놀면 된다. 날씬해지려면 부지런하고 근면하고 인내심이 있어야 하지만 뚱뚱해지려면 아무것도 안 해도 된다. 그래서 뚱뚱한 사람들 중에는 게으른 사람들이 많다.

그 밖에도 마른 남자의 장점은 많다. 마른 남자들은 대체로 오래 산다. 기초대사량이 낮아서 밥을 많이 먹지 않고도 더 오래 버틸 수 있고 비만이나 당뇨, 고혈압 등 성인병에 걸린 확률도 낮다. 옷발도 잘 받는다. 옷을 벗고 있을 땐 깡마른 어깨와 도드라진 갈비뼈가 안쓰러워 보일 수 있지만, 기성복들은 대체로 날씬한 체형에 맞춰 나오기 때문에 마른 사람들은 더 스타일리시한 옷들을 입을 수 있다. 그리고 대체로 더 잘생겼다. 흔히 살찐 남자들을 긁지 않은 복권이라고 한다. 잘생긴 이목구비가 살에 묻혀서 제대로 드러나지 않는 경우가 많기 때문이다. 한편 마른 남자는 이미 긁은 복권이다. 이목구비가 그대로 드러난다. 그래서 살을 빼면 대개 더 잘생겨 보인다.

   하지만 여자들은 마른 남자를 싫어한다. 멸치보다는 차라리 돼지가 낫다고 한다. 살집과 덩치가 있는 곰상의 남자들은 충분한 수요가 있지만 마른 남자는 수요가 없다.

## 3

# 무일푼 차은우 vs 100억 자산 유병재

고3 때 우리 반 급훈은 '10분 더 공부하면 마누라 얼굴이 바뀐다.'였다. 뜻은 간단하다. 공부 열심히 해서 좋은 대학 가면 훨씬 예쁘고 좋은 여자 만날 수 있으니 여자에 한눈팔지 말고 공부나 열심히 하라는 뜻이었다.

미심쩍었다. 앞니 사이로 가래침이나 뱉어대는 양아치들에게 여학생들이 멋있다며 환호하는 걸 중고등학교 6년 내내 봐왔는데 대학에 간다고 갑자기 여자들 눈이 달라지려나 싶었다. 좋은 대학에 가고 전문직 자격증을 따서 정말로 여자들로부터 사랑을 받게 된다고 한들 그걸 사랑이라 부를 수 있는 건가, 하는 의문도 들었다. 그건 나라는 인간 자체에 대한 사랑이 아니라 내 학벌, 그리고 그 연장선에 있는 좋은 직장과 안정된 삶에 대한 사랑일 거라 생각했다. 그건 사랑이라기보다는 내가 가진 걸 잃거나 나보다 더 잘난 놈이 나타나면 언제라도 변해 버릴 기회주의적 속물근성에 가까운 것이라고 생각했다.

하지만 내가 간과한 게 있었다. 우리 반 급훈은 "10분 더 공부하면 '마누라' 얼굴이 바뀐다."이지 "'여친' 얼굴이 바뀐다."가 아니었다는 것이다. 고3과 대학교 새내기는 겨우 한 살 차이다. 여자들이 한 살을 더 먹는다고 갑자기 남자 보는 눈이 바뀌지는 않는다. 여대생들이 좋아하는 건 키 크고 스타일 좋고 잘 노는 인싸남이지 공부만 할 줄 아는 너드 찐따남이 아니다. 물론 소위 '스카이'라 불리는 명문대생들에 대한 막연한 선망 정도는 있을 수 있지만, 어차피 대학생들은 대개 같은 대학 내에서 CC를 하거나 비슷한 수준의 학벌을 가진 여자를 소개받기 때문에 학벌은 별 힘을 발휘하지 못한다.

하지만 나이를 먹으면 달라진다. 여자들도 직장 생활을 시작한다. 쥐꼬리만 한 월급 받는 게 얼마나 힘든지 알게 된다. 그렇게 사고 싶은 거 안 사고 먹고 싶은 거 안 먹고 평생 모아봤자 서울에 집 한 채 못산다는 걸 알게 된다. 그때쯤 되면 돈 많은 남자가 눈에 들어오기 시작한다. 좋은 대학을 나와서 좋은 직장에 다니고 높은 연봉을 받는 남자. 밥벌이라는 이 지루한 무한 반복으로부터 나를 해방시켜 줄 남자.

그리고 그 남자를 정말로 사랑하게 된다. 데이팅 예능 〈나는 솔로〉를 보면 직업을 공개하기 전까지 여자들로부터 아무런 관심도 받지 못하던 남자가 고소득 전문직 종사자라는 걸 밝히고 나서 인기남으로 급부상하는 모습이 많이 나온다.

그런데 그 남자와 데이트를 나간 여자들 중에 직업이 좋아서 그 남자를 택했다고 하는 사람은 한 명도 없다. 인상이 좋아서, 주변 사람들을 잘 챙기는 모습이 보기 좋아서, 다정다감해 보여서 택했다고 한다. 그게 다 거짓말일까? 아니다. 앞서 말했듯 인간은 확증편향성을 갖고 있다. 자기가 보고 싶은 것만 본다. 못났다고 생각하는 사람으로부터는 못난 면을 보고, 매력적이라고 생각하는 사람에게서는 매력적인 면을 본다. 여자가 직업이 좋은 남자를 사랑해야겠다고 마음먹으면 어떻게 해서든 그전까지 보이지 않았던 그 남자의 매력을 찾아내게 된다. 매력이 없지만 직업이 좋은 남자가 아니라, 진짜로 매력적인 남자가 되는 것이다.

이렇게 말하면 또 '외모무새[8]'가 등장할 것이다. 100억 부자 유병재와 무일푼 차은우가 있다면 여자들은 백이면 백 무일푼 차은우를 택할 거라고 할 거다. 하지만 그런 밸런스 게임은 무의미하다. 대부분의 남자들은 차은우처럼 잘생기지도, 유병재처럼 못나지도 않았다. 어차피 서기시 기기다. 잘생겨도 애매하게 잘생겼고 못생겨도 애매하게 못생겼다. 그 애매한 남자들 사이에서 고소득 전문직 직함의 힘은 막강하다. 고소득 전문직 직함이 유병재를 차은우로 만들어주진 못

---

8   외모+앵무새의 합성어로 키, 학벌, 재력, 센스 다 필요 없이 잘생기기만 하면 된다고 하는 사람을 말한다.

3장 모솔은 왜 연애에 실패하는가?

하지만 추남은 흔남으로, 흔남을 훈남으로, 훈남을 미남으로 만들어주는 정도는 충분히 할 수 있다.

## 4

# 연봉 2억 의사 vs 연봉 5억 불법 사채업자

 우리는 왜 일을 할까? 당연히 돈을 벌기 위해서다. 돈을 벌어야 밥을 먹고, 옷을 입고, 집세를 낼 수 있기 때문이다. 매달 1,000만 원이 따박따박 나오는 연금복권에 당첨되고서도 월급 300만 원 주는 직장을 계속 다닐 사람은 아마 거의 없을 것이다.

 그렇기 때문에 여자들이 고소득 전문직 남성을 선호하는 건 전혀 이상한 일이 아니다. 남편 혼자서 어중간한 직장인 서너 명의 월급을 합친 것보다도 더 많은 돈을 벌어온다면 아내는 굳이 직장에 다닐 필요가 없다. 매일 아침 6시에 일어나서 만원 지하철에 몸을 싣고 한 시간 반을 달릴 필요도 없고, 마음에 들지 않는 직장 상사들에게 억지로 비위를 맞춰줄 필요도 없다. 그러고도 매달 1,000만 원 이상씩 들어온다. 심지어 정년도 없다. 몸만 건강하면 평생이라도 일할 수 있다. 고소득 전문직 남편은 걸어다니는 연금 복권이라 할 수 있다.

그런데 흥미로운 사실이 있다. 단순히 경제적 이유 때문에 고소득 전문직 남편을 선호하는 것이라면, 더 돈을 많이 버는 남성일수록 여성들의 선호도가 높아질 것이다. 그런데 꼭 그렇지는 않다. 가령 1년에 2억을 버는 의사와 1년에 5억을 버는 불법 사채업자가 있다면 당신은 누구를 선택할 것인가? 대부분의 여성들은 전자를 택할 것이다. 그건 왜일까? 불법 사채업자는 의사의 두 배가 넘는 돈을 벌어다 줄 수 있는데 왜 여자들은 의사를 더 선호하는 걸까?

직업에는 경제적 의미뿐만 아니라 사회적 의미도 있기 때문이다. 누군가가 어떤 직업을 갖고 있다고 말했을 때 우리는 그 직업을 통하여 그가 한 달에 얼마를 벌지를 유추하기도 하지만 그가 어떤 사람일지를 유추하기도 한다. 가령 공무원이라면 왠지 무던하고 보수적인 사람일 것 같고, 영업사원이라면 사교적이고 타산이 빠른 사람일 것 같고, 변호사라면 논리정연하고 냉철한 사람일 것 같다. 아무리 돈을 많이 벌어도 불법 사채업자가 의사만큼 좋은 남편감이 될 수 없는 이유는 그것이다. 의사라고 하면 왠지 고상하고 지적이고 점잖은 사람일 것 같은 느낌을 주지만 불법 사채업자라고 하면 떠오르는 이미지는 그렇게 좋지 않다. 그래서 의사 사모님은 있어 보이지만 불법 사채업자랑 결혼했다고 하면 없어 보인다. 고소득 전문직이 결혼 시장에서 높은 위상을 갖는 이유에는 이런 것도 있다.

　여자들이 남자를 평가하는 기준은 대략 이렇다. 크게 외모와 능력으로 나뉘고, 외모에는 얼굴과 피지컬, 그리고 능력에는 소득과 직업이 포함된다. 각 능력치가 출중할수록 여자를 만나기에 유리하고, 평균에 미달할수록 불리하다. 따라서 살면서 한 번도 연애를 못 해본 남자들은 이런 각각의 능력치가 평균에 미치지 못할 확률이 높다.

( 3장 )

2

모솔들을 향한 조언들.
어디까지 진실일까?

잘생긴 외모와 큰 키, 안정적인 직장과 탄탄한 재력. 당연히 중요하다. 이런 것들을 두루 갖춘 소위 육각형 남자라면 여자를 쉽게 만날 수 있을 것이고 갖추지 못했다면 당연히 여자들에게 인기가 없을 것이다. 그런데 꼭 그런 건 아니다. 모태 솔로라고 모든 게 못난 건 아니다. 멀끔하게 생겼고 키도 작지 않고 직장도 멀쩡한데 유독 여자와는 인연이 없는 남자들도 있다. 한편 별로 잘생긴 것도, 직업이 좋은 것도 아닌데 여자를 잘 만나는 남자들도 있다. 이런 차이는 왜 발생하는 걸까? 이 의문을 풀기 위해 모솔남들은 다양한 사람들을 찾아가 조언을 구하게 된다. 하지만 안타깝게도 그들이 제대로 된 해답을 얻을 확률은 별로 높지 않다. 사람들은 다들 제각기 이기적이기 때문이다. 세상 사람들이 모솔남들에게 하는 조언은 대개 모솔남들을 위한 게 아니라 자기 자신을 위한 것이기 때문이다.

# 1

## 여사친들이 말하지 않는 것들

 연애에 대한 조언을 얻기 위해 모솔남들이 가장 먼저 찾아가는 건 보통 여자 사람 친구(이하 여사친)다. 자책형 모솔남들 중에 의외로 여사친이 많은 경우가 있다. 아이러니하게도 그들에게 남성성이 부족하기 때문이다. 남자는 여자를 원한다. 그래서 많은 사고를 친다. 단톡방에서 고백 공격을 하기도 하고, 학교 축제 때 짝사랑하는 그녀를 위해 무대에 올라가 임재범의 〈고해〉를 부르기도 한다. 여학생을 사이에 두고 남학생들끼리 싸움이 벌어지기도 한다. 여자를 향한 갈망이 사회적으로 용인된 한도를 초과하면 성범죄로 이어지기도 한다.

 그래서 여자들은 점점 남자를 피하게 된다. 어릴 때는 뭣모르고 남자들과 친구처럼 지내기도 하지만 나이를 먹으면서 점점 남자와 여자는 친구가 될 수 없다는 걸, 나는 친구로 생각하더라도 남자 쪽에서는 다른 마음을 품고 있을 수 있다는 걸 깨닫는다. 그래서 점차 남자에게 먼저 연락을 해서 술

한 잔을 하거나 영화를 보러 가자고 하지 않게 된다.

   그런데 자책형 모솔들은 다르다. 그들은 사고를 치지 않는다. 고백 공격을 하지도, 술기운을 빌려 여자의 몸을 건드리려 하지도 않는다. 여자들 입장에서는 편하다. 마치 동성 친구처럼 편하게 속내를 이야기할 수 있으면서도, 때로는 남자처럼 듬직하게 곁을 지켜주는 친구를 얻은 것만 같다. 그래서 자책형 모솔과 여사친은 제법 좋은 조합이다.

   하지만 그녀들과의 관계는 모솔남들이 연애를 하는 데 별 도움이 되지 않는다. 그녀들은 모솔남들에게 진실을 말해주지 않기 때문이다. 남자들에게 언어란 의사 소통의 수단이다. 의사, 즉 나의 생각을 전달하는 게 언어다. 그렇기에 언어는 명확해야 한다. 남들 눈에 그럴싸하게 보이기 위해 불필요한 사족을 덧붙여도 안 되고, 본심을 숨기기 위해 교묘하게 꾸민 말을 해서도 안 된다. 마치 수학의 증명처럼 어떠한 논리적 모순점이나 모호함도 없어야 한다. 남자들은 대체로 그렇게 생각한다. 아무런 계산 없이 툭 터놓고 솔직하게 진심을 말할 때, 모두가 'Yes'라고 하는데 용기 있게 No를 말할 때 우리는 그를 남자답다고 말한다.

   하지만 여자들은 다르다. 언어를 훨씬 능숙하고 지혜롭게 사용한다. 남자들처럼 순진하게 진실만을 말하지 않는다. 때로는 진실을 감추고, 때로는 과장하고, 때로는 왜곡한다. 좋아하는 남자에게 솔직하게 마음을 전달하기보다 마음에도 없는 다른 남자를 활용해서 질투심을 유발하는 작전을 쓰기도 하고, 순진한 척하기 위해서 일부러 남자 경험이 없는 척하기도 하고, 자기가 원하는 걸 드러내지 않고 숨김으로써 남자의 궁금증과 소유욕을 자극하기도 한다. 그런 걸 '여자어'라고 부른다.

그렇기 때문에 여자들에게 연애에 대한 조언을 구하는 건 대개 좋은 행동이 아니다. 그녀들의 조언은 당신을 위한 게 아니라 그녀들 자신을 위한 것이기 때문이다. 그녀들은 자기들이 진짜 원하는 것이 아니라, 남자들이 자기들을 이렇게 봐주었으면, 하는 것을 이야기하기 때문이다. 예를 들면 이런 것들이 있다.

"나는 착한 남자가 좋아."

여자들에게 어떤 남자를 좋아하냐고 물었을 때 십중팔구는 이렇게 답한다. 얼핏 당연해 보인다. 착한 남자는 이타적이다. 아마 여자를 만날 때도 그럴 것이다. 데이트 비용을 자기가 내려 할 것이고, 만날 때마다 차로(심지어 차가 없더라도) 바래다주려 할 것이고, 싸웠을 땐 무조건 먼저 사과할 것이다. 그만큼 여자는 이득을 볼 것이다. 남자가 데이트 비용을 내면 여자는 돈을 아낄 것이고, 남자가 데이트를 마치고 에스코트를 해주면 여자는 편하게 집에 갈 수 있을 것이다.

그리고 무엇보다, 자기애가 충족될 것이다. 여자들은 왜 남자에게 명품 백을 선물 받고 싶어 할까? 300만 원짜리 가방이 30만 원짜리 가방보다 10배 더 튼튼한가? 10배 더 많은 물건을 담을 수 있나? 아니면 무게가 10분의 1밖에 안 나가나? 모두 아니다. 여자가 진정으로 원하는 건 사랑받고 있다는 기분이다. 친구는 1,000만 원짜리 결혼반지를 받았는데 나는 100만 원짜리 반지를 받는다면 나는 친구가 받는 사랑의 10분의 1밖에 받지 못하고 있는 것 같은 기분이 드니까 비싼 선물로서 남자 친구의 마음을 확인받고 싶어 하는 것이다.

여자들이 원하는 건 결국 이것으로 수렴된다. 여자들은 흔히 연락 잘 되는 남자가 좋다고 말한다. 남자가 매일 안부 인사를 물어주지 않거나 자기가 모르는 친구와의 약속이 있으면 서운해하는 경우도 많다. 그런데 그게 그렇게 서운할 일인가? 어차피 대한민국 2030의 대부분은 직장인이다. 9시에 출근해서 12시에 점심을 먹고 저녁 6시에 퇴근한다. 연차를 쓰거나 무단결근을 한 게 아니라면 당연히 제시간에 출근하고 밥을 먹고 퇴근을 했을 것이다. 도대체 그런 쓸데없는 이야기를 왜 해야 하는 건가? 친구와의 약속은 또 어떤가? 전 여자 친구나 여사친을 만난 것도 아니고, 클럽에 간 것도 아닌데, 남자들끼리 만 원짜리 돈가스를 사 먹은 걸 여자 친구가 신경 써야 할 이유가 어디 있는가? 그렇게 해야 사랑받는 기분이 들기 때문이다. 남자 친구가 매 순간 자기를 신경 쓰고 있다는 생각이 들기 때문이다. 그래서 여자들은 착한 남자를 만나고 싶다고 말한다. 자기에게 돈과 시간, 에너지를 아끼지 않는 남자, 자기를 헷갈리게 하지 않는 남자, 세심하게 잘 챙겨주는 남자.

그런데 실제로 그런가? 그런 남자가 여자를 잘 만나는가? 이 책의 주된 연구 대상인 '자책형 모솔'들은 착하다. 남에게 피해를 주는 걸 병적으로 두려워한다. 누군가를 좋아하는 마음이 혹여 그 사람에게 부담이 될까 봐 다가가지도 못하는 사람들이다. 남을 괴롭히느니 자기 자신을 괴롭히길 택한 사람들이다. 그런 이들에게 사랑하는 사람이 생긴다면 얼마나 잘해주겠는가? 만날 때마다 분위기 좋은 카페니 식당을 찾아보고, 혹여 자리가 불편할까 편한 자리에 앉히고, 욕설이나 무리한 스킨십은 시도조차 하지 않을 것이다. 집에 갈 때는 항상 바래다주는 것도 잊지 않을 것이다. 그렇게 하고도 돈은 자기가 다 낼 것이다. 그런데 그들이 여자를 잘 만나나? 여자들이 착한 남자를 정말로 좋아한다면 착하고 무해하기

그지없는 그들이 왜 모솔이겠는가?

현실은 오히려 정반대다. 여자에게 착하게 굴지 않는 이들이 연애를 훨씬 잘한다. 자기가 원하는 걸 여자에게 당당하게 요구하는 남자, 단 한 마디도 져주지 않는 남자, 허세를 부리고 여자를 깎아내리는 남자가 훨씬 여자를 잘 만난다. 여자들의 진심은 무엇일까?

"티키타카 잘 되는 남자가 좋아."

이것도 여자들이 많이 하는 말이다. 티키타카는 스페인어다. 탁구 선수들이 눈으로 쫓아가기도 어려운 속도로 탁구공을 주고받으면서 랠리를 이어나가는 모습을 표현하는 의태어다. 이 단어가 널리 쓰이게 된 건 축구를 통해서였다. 2010년대 FC 바르셀로나에는 세계 최고의 축구 스타인 리오넬 메시를 필두로 안드레스 이니에스타와 사비 에르난데스 등 세계적인 선수들이 버티고 있었다. 이들은 빼어난 기술과 축구 지능을 바탕으로 한 현란한 패스 플레이로 상대 선수들의 혼을 빼놓곤 했다. 그 모습이 마치 랠리를 주고받는 탁구 선수들과 같다 하여 티키타카라는 단어가 유행하게 되었다.

여자들이 말하는 티키타카는 마치 탁구 선수들의 랠리처럼, 바르셀로나 선수들의 패스 플레이처럼 대화의 흐름이 끊기지 않고 물 흐르듯이 이어지는 걸 말한다. 서로 관심사가 비슷해서, 유머 감각이 특출나서, 혹은 편안하고 자연스러운 분위기를 이끌어 낼 수 있는 능력을 갖고 있어서 즐거운 티키타카를 할 수 있는 남자를 여자들은 좋아한다.

그런 남자를 좋아하는 건 전혀 이상한 게 아니다. 연인들은 많은 시간을 함께 보낸다. 맛집이나 예쁜 카페도 가고, 교외에 드라이브도 간다. 운동이나 게임, 노래 부르기, 영화 감상 등의 취미 활동을 함께 즐기기도 한다. 물론 섹스도 한다. 하지만 제일 중요한 건 결국 대화다. 아무리 노래를 좋아하는 커플이라고 만날 때마다 노래방에 가지는 않는다. 영화를 좋아한다고 하루 종일 영화만 보진 않는다. 하지만 대화는 계속된다. 밥을 먹을 때도 대화를 하고, 산책을 하면서도 대화를 하고, 영화를 보고 나서도 대화를 한다. 그러니 대화가 잘 통해야 한다. 노래를 박효신이나 김범수처럼 잘 부른다고 해도, 손흥민처럼 축구를 잘한다고 해도 대화가 안 통하는 남자와는 연애를 할 수 없다. 하지만 대화만 잘 통한다면 노래를 못 부르거나 운동을 못하는 건 하나도 문제가 되지 않는다.

하지만 문제는 티키타카는 한쪽만 잘해서 되는 게 아니라는 것이다. 방송인 탁재훈은 수위를 넘나드는 아슬아슬한 농담으로 강렬한 웃음을 이끌어 내는 능력을 가졌다. 유재석은 특유의 젠틀함과 배려로 상대방을 편안하게 해준다. 이런 사람들이라면 어떤 상대와도 어색하지 않게 대화를 풀어갈 수 있을 것이다. 그래서 여자들은 흔히 유재석이나 탁재훈처럼 재미있는 남자를 이상형으로 꼽곤 한다. 하지만 대다수의 남자들은 그렇지 못하다. 무슨 말을 해도 어색하고 썰렁하게 만들 만큼 사회성과 유머 감각이 떨어지진 않지만 어떤 여자든지 웃겨줄 수 있을 만큼 재밌지도 않다. 대부분의 남자들은 그 중간의 어딘가에 있다. 그래서 여자의 리액션이 중요하다. 여자가 웃어주고 맞장구를 쳐주면 남자는 더 신이 나서 자연스럽고 편안한 유머를 구사할 수 있게 되지만 그렇지 않으면 남자도 겁을 먹고 얼어붙어 버린다. 남자는 여자 하기 나름이다.

그럼 여자는 어떤 남자에게 웃어주고 맞장구를 쳐줄까? 자기가 좋아하는 남자다. 여자 지인에게서 이런 얘길 들은 적이 있다. 소개팅을 하고 나서 연락을 주고받는데 남자가 어떻게 반응해야 할지 모르겠는 어색한 이야기만 하더라는 것이다. 마치 AI 비서처럼 "저 지금 퇴근해요.", "친구랑 저녁 먹었어요." 하는 무의미한 일상 공유만 하니까 여자의 입장에서는 '저녁 먹는다고? 그래서 나한테 어쩌라는 거지?' 하는 생각이 들었다는 것이다.

  그런데 이 말이 그렇게까지 무의미한 걸까? 대부분의 남자들은 유재석이나 탁재훈처럼 유머러스하지 않다. 그런 주제에 어설픈 농담을 던졌다가는 괜히 더 분위기가 썰렁해질 수 있다. 그렇다고 너무 진지한 이야기를 할 수도 없다. 그러면 부담스러워할 것이기 때문이다. 그러니 일상 공유밖에 할 게 없다. 얼핏 보기에 무의미해 보이는 이 대화는 생각보다 무의미하지 않다. 당신과 대화를 이어나가고 싶지만 당신에게 부담을 주고 싶지는 않다는 엄청난 의미가 담겨 있다.

  만약 그녀가 남자에게 관심이 있었다면 대화의 양상은 다르게 흘러갔을 것이다. "저는 친구랑 저녁 먹고 있어요."라는 남자의 말에 "아, 정말요? 뭐 드시는데요?"라고 되물었을 것이고, 남자는 "삼겹살요. 지은 씨도 삼겹살 좋아한다셨죠?"라며 대화를 이어 나갔을 것이다. 둘은 다음번에 만나서 삼겹살에 소주 한잔을 할 것이고, 여자는 능숙하게 고기를 굽는 남자의 솜씨와 잘 익은 고기를 여자의 앞접시에 먼저 놓아주는 자상함, 그리고 걷어붙인 팔꿈치의 전완근에 반해버릴 것이다. 그렇게 둘은 연인이 될 것이다. "친구랑 저녁 먹고 있어요."라는 말 자체는 웃기지도, 감동적이지도 않지만 그 말로부터 시작된 대화는 얼마든지 유의미한 대화가 될 수 있다.

그런데 그녀는 왜 그렇게 하지 않았을까? 남자한테 관심이 없었기 때문이다. 관심이 없으니 그에게 무언가를 물어볼 생각도, 그의 색다른 면을 끌어내 볼 생각도, 대답을 해줄 생각조차도 들지 않는 것이다. 이런 상황이라면 탁재훈이나 유재석이 나서도 안 된다. 코미디 프로그램 심사 위원이라도 되는 것처럼 의자를 뒤로 젖히고 팔짱을 낀 채 '어디 한 번 얼마나 웃기나 보자.' 하는 표정으로 앉아 있는 상대를 어떻게 웃기겠는가?

결국 티키타카는 원인이 아니라 결과다. 티키타카가 잘 되어서 누군가를 좋아하는 게 아니라, 좋아하니까 티키타카를 잘 맞춰주는 것이다. 그러니 우리가 아무리 성대모사나 유행어를 연습하고 여자들의 관심사에 대해 공부한다고 해도 우리는 여자와 티키타카를 할 수 없을 것이다. 그녀들은 애초에 우리와 티키타카를 할 생각이 없기 때문이다. 메시가 아무리 축구를 잘한다고 해도 사비 에르난데스나 안드레스 이니에스타가 받쳐주지 않는다면 FC 바르셀로나의 티키타카는 완성되지 않듯이 말이다.

"존경하고 배울점이 있는 남자가 좋아."

여자들은 이런 말도 많이 한다. 여자들은 자기를 이끌어줄 수 있는 남자, 성숙하고 어른스러운 남자, 아빠 같은 남자를 좋아한다. 반대로 남자가 미숙한 모습을 보일 때 실망한다. 그래서 대부분의 커플은 남자가 연상이다. 그래야 남자가 연봉과 직급도 더 높고, 돈도 더 많이 모았고, 사회 생활 경험도 더 많기 때문이다.

그런데, 세상에 배울 점이 없는 남자가 있을까? 세상의 모든 것들은 양면적이다. 경제 성장만 추구하다 보면 빈부 격차가 심해지고, 반대로 결과적 평등만을 추구하다 보면 기업가 정신이 상실되고 사회의 역동성이 저하된다. 집단을 개인보다 우선시하면 소수자의 권익을 보호할 수 없고, 반대로 개인의 자유를 무제한으로 인정해 주다 보면 사회의 조화와 질서가 흐트러진다. 세상에는 완전히 좋은 것도, 완전히 나쁜 것도 없다. 사람도 그렇다. 착한 게 지나치면 호구가 되고, 겸손이 지나치면 자기 비하가 된다. 배울 점이란 건 누구에게나 있다. 성질머리가 더러운 사람에게서는 남들에게 무시당하지 않는 법, 수단과 방법을 가리지 않고 자기 의견을 관철하는 법을 배울 수 있고, 게으른 사람에게서는 스트레스 받지 않는 법, 인생을 즐기는 법을 배울 수 있다. 심지어 사이코패스들에게서도 배울 점은 있다. 성공을 거두려면 도전을 해야 한다. 창업이나 투자를 하든지, 자기의 꿈을 찾아 떠날 수 있어야 한다. 주어진 월급에 만족해서는 삶을 드라마틱하게 바꿀 수 없다. 하지만 대부분의 사람들은 그렇게 하지 못한다. 두려움 때문이다. 하지만 사이코패스들은 다르다. 두려움을 느끼지 못하기 때문에 스스럼없이 도전하고 성취한다. 실제로 성공한 기업가들 중에서는 사이코패스적 성향을 가진 사람이 많다고 한다.

당연히 모태솔로들에게서도 배울 점이 있다. 모태솔로들은 순수하다. 계산적이지 않고, 남을 속이지 않는다. 모태솔로들은 겸손하고 배려심이 깊다. 그런데 왜 여자들은 그들을 존경하고 배울 점이 있는 남자로 인정해 주지 않는 걸까? 사랑하지 않기 때문이다. 앞서 말했듯 인간에겐 확증편향성이 있다. 인간은 세상을 있는 그대로 보지 않는다. 보고 싶은 것만 보고 듣고 싶은 것만 듣는다. 고정관념에 질문을 던지고 비판적으로 사고하기보다 그냥 생각하던 대로 생각하고 행동하던 대로 행동한다. 그래서 사람에 대한 첫인상은 쉽게 바뀌지 않는다. 호감을 가진 상대에게서는 좋은 점만 보이고, 싫어하는 상대에게서는 혐오스러운 점만 보인다. 뒤늦게 좋은 점들을 발견하더라도 그걸 존경하고 배울 만한 점으로 인식하지 않는다. 자기의 꿈을 이루기 위해 노력하고 도전하는 모습은 현실 감각 없는 철부지같이 보이고, 타인을 배려하고 자기를 낮추는 모습은 자신감 없고 남자답지 못하게 느껴진다. 여자들이 모태솔로들의 장점을 봐주지 않는 이유는 그것이다. 애초에 그들에게서 별다른 매력을 느끼지 못했기 때문에 그들이 얼마나 좋은 사람인지가 그녀들의 눈에 들어오지 않는 것이다.

결국 존경하고 배울 점이 있는 남자를 좋아한다는 여자들의 말은 무의미한 동어반복이다. 여자들은 존경하고 배울 점이 있는 남자를 좋아하는 게 아니다. 자기가 좋아하는 남자로부터 어떻게든 존경하고 배울 점을 찾아내는 것일 뿐이다.

결국 여자들이 하는 말에는 아무 영양가가 없다. 말로는 착한 남자, 티키타카가 잘 되는 남자, 존경할 점이 있는 남자가 좋다고 하지만 우리가 그런 남자가 되려 노력해도 별로 달라질 건 없다. 애초에 우리한테 호감이 없기 때문이다. 그녀들에게 호감이란 원인이지, 결과가 아니다. 착하고, 티키타카가 잘 되고, 존경할 점이 있어서 호감이 생기는 게 아니라, 호감이 있으니까 같은 행동을 해도 좋아 보이고, 티키타카를 맞춰주고 싶은 생각도 드는 것이다.

그러면 당신은 이렇게 묻고 싶을 것이다. "그러면 어떤 남자한테 호감이 생기는 건데?" 그러면 여자들은 이렇게 답할 것이다. "착하고, 티키타카 잘 되고, 존경할 점이 있는 남자!" 그러면 당신은 그런 남자가 되기 위해 노력할 것이다. 그리고 언젠가 그녀에게 고백할 것이다. 하지만 그녀의 반응은 지금껏 수십 번 들어왔던 말과 다르지 않을 것이다. "미안해. 오빠는 너무 좋은 사람이지만 남자로 느껴지진 않아서." 그러면 당신은 또 물을 것이다. "그러면 어떤 남자한테 남자로서 호감이 생기는 건데?" 그러면 그녀는 또 답할 것이다. "착하고, 티키타카 잘 되고, 존경할 점이 있는 남자." 뫼비우스의 띠처럼 빙빙 돌기만 하는 대화에 당신은 돌아버리고 말 것이다.

왜 그러는 걸까? 솔직히 말하면, 나도 잘 모르겠다. 어쩌면 그녀들은 일부러 정답을 말해주지 않는 것일 수도 있다. 자기들의 속물적인 본성[9]을 감추기 위해, 혹은 우리 남자들의 호기심을 자아내고 관계의 우위를 점하기 위해 일부러 뜬구름 잡는 소리를 하는 것일 수도 있다.

그게 아니라면 그녀들 자신도 자기들이 뭘 원하는지 모르는 것일 수도 있다. 사람은 무언가에 결핍을 느낄 때 그 결핍을 해결하기 위한 방법을 고민하게 된다. 가난 때문에 힘들었던 사람은 돈을 벌 방법을 궁리하고, 대인 관계 때문에 힘들었던 사람은 사람들과 어떻게 하면 잘 지낼 수 있을지 고민한다. 그런데 여자들은 남자만큼 연애에 대한 고민을 할

---

[9] 여성 혐오적 표현은 아니다. 남자건 여자건 인간은 원래 다 속물적이다. 굳이 차이점을 꼽자면, 남자들은 그걸 더 대놓고 드러낸다는 것뿐이다.

일이 없다. 상대방에게 다가가서 자기의 가치를 증명하고 승인을 받아내는 건 남자의 몫이다. 처음 보는 여자에게 말을 걸 땐 부담 없고 유쾌하되 가볍고 진정성 없게 보이지는 않아야 한다. 대화를 편안하고 재미있게 이끌되 편한 게 지나쳐서 친구처럼 느껴져선 안 된다. 다른 여자에게 한눈팔지 말고 그녀만을 바라보되 때로는 여자에게 긴장감을 불어넣어 줄 수도 있어야 한다. 남자는 그래야 한다. 그래야 여자의 예리한 거름망을 통과할 수 있다.

여자는 이 모든 과정 중 단 하나도 겪어보지 못했다. 그녀들이 하는 일은 자기에게 다가온 남자들 중 누가 제일 경쟁력이 있는지 평가하는 것뿐이다. 중고차 매장에 와서 연식과 주행거리, 옵션, 사고 이력 등을 살펴보고 제일 마음에 드는 한 대를 사는 손님들처럼 말이다. 그런데 뭘 어떻게 알겠는가? 삼겹살집에 고기를 먹으러 온 사람들이 농장에서 돼지를 어떻게 키우고 도축하는지 알겠는가? 백화점에 명품 백을 사러 온 사람들이 동남아 제3세계의 아이들이 얼마나 열악한 환경에서 노동 착취를 당하며 가방을 만들고 있는지 신경이나 쓰겠는가? 매력적인 남자가 되는 법을 여자에게 묻는 건 그만큼이나 황당한 짓이다.

착한 남자 무한 루프

## 2

## 픽업 아티스트들이 말하지 않는 것들

그렇다면 본능이란 뭘까?

여자의 성적 본능은 어떤 남자를 원할까?

이윽고 모솔남들은 이 질문에 다다른다. 여자들은 착한 남자, 티키타카가 잘 되는 남자, 배울 점이 있는 남자를 좋아한다고 하지만 현실은 전혀 다르다. 착하고 다정하게 행동하고, 티키타카를 맞춰주고, 배울 점이 있는 남자가 되기 위해 노력한들 애초에 그녀가 나에게 남자로서 호감을 느끼지 못했다면 아무런 소용이 없다. 사랑은 결과가 아니라 원인이나. 착하고, 티키다기기 잘 되고, 배울 점이 있는 남자라서 사랑하는 게 아니라 사랑하니까 그 남자의 선의가 부담스럽지 않고, 티키타카를 이어 나가고 싶은 생각이 들고, 배울 점들이 눈에 들어오는 것뿐이다.

그래서 우리는 여자의 성적 본능에 대해 알아야 한다. 여자들이 본능적으로 관심과 호기심을 갖는 남자가 어떤 남자인지 알아야 한다. 그러면 모든 건 해결된다. 우리가 그런 남자가 된다면 유재석이나 탁재훈 같은 화술을 갖고 있지 않아도 여자들이 알아서 티키타카를 맞춰줄 것이고, 부족한 점들이 수두룩하더라도 여자들이 어떻게든 우리의 장점을 끌어내 줄 것이기 때문이다.

하지만 그걸 우리가 알 수 있을 리가 없다. 첫 번째 이유는, 그녀들이 솔직하게 말해주지 않기 때문이다. 남자와 여자는 모두 좋은 짝을 만나고 싶어 한다. 그러려면 나를 좋은 사람으로 포장해야 한다. 장점은 부풀리고 단점은 숨겨야 한다. 그래야 더 돈 많고 매력적이고 잘 나가는 파트너에게 선택받을 수 있다. 그런데 본능이란 대개 아름답지 않다. 추하고 이기적이며 속물적이다. 그걸 있는 그대로 드러내는 건 짝짓기 시장에서 현명한 행동이라 할 수 없다.

두 번째 이유는 그녀들도 자기들의 마음을 모르기 때문이다. 우리의 본능은 항상 생존을 추구한다. 그런데 자기 자신을 있는 그대로 바라보는 건 때로 생존에 해롭다. 가령, 인간은 누구나 소중하다. 내 목숨이라고 더 중하고, 네 목숨이라고 덜 중한 게 아니다. 하지만 생사의 갈림길에서 이런 생각은 별로 이롭지 않다. 전쟁터에서 내 칼이 적군의 심장을 꿰뚫었을 때 그가 느낄 고통을 내 고통처럼 여긴다면 어떻게 그를 죽이고 무사히 고향으로 돌아올 수 있겠는가. 그래서 우리의 본능은 우리 자신을 속인다. 우리를 실제보다 더 유능하고 인격적으로 훌륭한 사람, 살아갈 가치가 있는 사람으로 보이게 만든다. 그러기 위해서 우리는 끊임없이 자기 자신에게 변명을 늘어놓는다. '그때 친구를 괴롭혔던 건 어쩔 수 없는 일이었어. 내 상황이었으면 누구라도 그렇게 했을 거야.', '그때 나는 아무 잘못도 저지르지 않았어. 사람들이 나에게 누명을 씌웠을 뿐이야.' 외모나 조건을 따지지 않는다는 말, 착하고 대화만 잘 통하면 된다는 여자들의 말도 마찬가지다. 남들 듣기 좋으라고 하는 말이지만 한편으로는 자기 자신을 위한 말이기도 하다. 그녀들은 아마도 자기가 그런 남자를 좋아한다고 진심으로 믿고 있을 것이다. 어떤 남자를 만나고 싶냐는 말에 그녀들이 그런 하나 마나 한 대답밖에 하지 못하는 건 아마 그 때문일 것이다.

결국 모솔남들은 아무것도 알아내지 못한다. 여자들도 자기 속마음을 모르는데 한 번도 여자로 살아보지 않은 우리가 어떻게 여자의 마음을 읽겠는가.

이쯤에서 픽업 아티스트들이 등장한다. 남자들에게 연애를 알려주는 데이팅 컨설턴트인 이들은 진화심리학의 관점에서 여자의 본성과 연애의 메커니즘에 대해 설명한다. 진화심리학자들의 주장을 한마디로 요약하면 인간 심리의 모든 것은 결국 종족 번식, 그리고 그것을 위한 선결 조건인 섹스로 귀결된다는 것이다. 상당히 도발적인 주장이다. 삶에서 가장 소중히 여기는 것이 무엇이냐는 질문을 받았을 때 사람들은 보통 가족을 말한다. 다음 순위로는 건강이나 꿈, 성공, 돈 같은 것들이 따라온다. 아마 섹스나 번식이 나오려면 꽤 오래 기다려야 할 것이다. 그래서 진화심리학자들의 주장은 얼핏 허무맹랑한 소리처럼 들린다. 인간이 살아가는 이유가 겨우 섹스라니! 만물의 영장이요, 이성과 자유의지를 가진 인간이 발정 난 개나 돼지와 별반 다를 게 없는 존재라니!

그런데 이들의 논리를 하나하나 뜯어보면 의외로 그럴싸하다. 왠지 불편하고 거부감이 들긴 하는데 막상 논리적으로 부정하기는 어렵다. 결국, 우리는 엄마와 아빠가 섹스를 해서 태어난 존재들이기 때문이다. 월드컵에 우승하려면 어떻게 해야 할까? 답은 간단하다. 축구를 잘하면 된다. 월드컵은 세계에서 가장 뛰어난 축구팀을 가리는 대회이기 때문이다. 〈미스터트롯〉이나 〈프로듀스101〉 같은 오디션 프로그램에서 우승하려면 무엇을 해야 할까? 노래를 잘 부르면 된다. 오디션 프로그램은 노래를 잘 부르는 사람을 뽑는 대회이기 때문이다. 그렇다면 인류의 역사는 무엇일까? 인류의 역사는 가장 번식에 적합한 유전자를 가리는 토너먼트다. 태초에는 아마 지금보다 더 다양한 종류의 유전자를 가진 인간들이 있었을 것이다. 그중 일부는 짝을 만나서 섹스를 하고 그들의 유전자를 후대로 전달했을 것이다. 하지만 모두가 그렇게 하지는 못했을 것이다. 번식에 적합하지 않은 유전자를 가진 암컷과 수컷들은 원하는 짝과 결합하지 못하고 도태되었을 것이다. 결국 그들의 유전자는 후대로 전달되지 못했을 것이다. 월드컵 지역 예선에는 축구를 잘하지 못하는 나라들도 참가할 수 있지만 본선, 16강, 8강, 4강, 결승으로 갈수록 축구를 못하는 나라들은 떨어지고 잘하는 나라들만 남는 것처럼 말이다. 우리는 그 토너먼트의 최종 승자들이다. 그렇기 때문에 오늘날 우리가 갖고 있는 모든 심리적 메커니즘은 결국엔 번식을 잘하기 위한 것이라는 추론을 해볼 수 있다. 어느 국가대표팀이 조직적인 수비와 압박 전술로 월드컵에서 우승했다면 현대 축구에서는 조직적 수비와 압박 전술이 중요하다는 추론을 할 수 있고, 어느 가수가 미디엄 템포의 발라드 곡으로 오디션 프로그램에서 우승을 했다면 미디엄 템포의 발라드 곡이 사람들로부터 인기를 끌기에 유리하다는 추론을 할 수 있듯이 말이다.

 남녀의 성적 개방성을 예로 들어보자. 남자들은 대체로 여자들보다 성에 개방적이다. 남자들은 여자와 원나잇을 하는 것에 거부감이 없지만 여자들은 대체로 부정적인 반응을 보인다. 설령 원나잇을 하고 싶더라도 일단은 아닌 척 내숭이라도 떤다. 이와 관련하여 1978년 플로리다 주립 대학에서 했던 유명한 사회 실험이 있다. 매력적인 외모를 가진 연기자가 처음 보는 이성에게 성적인 접근을 했을 때 남녀가 어떤 반응을 보이는지에 대한 것이었다. 이 실험에서 이성으로부터 "우리 집에 놀러 올래?"라는 제안을 받았을 때 "그래."라고 답한 여자의 비율은 6%였다. 반면 남자는 69%였다. 잠자리를 같이 하자는 제안을 받았을 때는 더 극적인 차이가 나타났다. 남자는 75%가 승낙했지만 여자는 0%, 아무도 승낙하지 않았다.

진화심리학자들은 이러한 차이가 '차등적 부모 투자'로부터 발생한다고 본다. 말 그대로 '부모'가 되기 위해 '투자'하는 자원의 크기가 '차등적'이라는 뜻이다. 섹스를 하면 엄마와 아빠의 유전자를 절반씩 가진 아이가 태어난다. 그렇게 남녀는 자신의 유전자를 후대로 전달하는 치열한 토너먼트의 다음 라운드에 진출한다. 섹스와 임신, 출산을 통하여 남자와 여자는 자신들의 유전자 절반을 후대로 전달한다는 목표를 달성하기 위한 동업자가 된다.

하지만 이 공동 사업을 하기 위해 남녀가 투자하는 자원의 크기는 다르다. 남자는 씨를 뿌린다. 여기에는 보통 10분 남짓한 시간이 걸린다. 사정을 하고 나면 피곤하고 나른해지지만 보통 몇 시간 정도 푹 쉬고 나면 회복된다. 남자가 투자하는 건 이게 전부다.

한편 여자는 임신을 한다. 정자 1개와 난자 1개가 결합해서 만들어진 수정란이 팔다리 두 개씩에 눈코입이 달린 온전한 인간으로 자라날 때까지 40주 동안 몸속에 품고 있어야 한다. 그리고 산고의 고통을 인내하며 아이를 낳아야 한다. 이게 끝이 아니다. 낳았으면 키워야 한다. 물론 이건 여자 혼자만의 책임은 아니다. 남자 역시 아버지로서 역할을 다 해야 한다. 여자와 아이를 위해 영양가 있는 음식과 따뜻한 잠자리, 정서적 보살핌을 제공해야 한다. 그 의무를 다하지 않는 수컷들은 법적 처벌을 받는다. 친자 검사를 해서 씨만 뿌리고 도망치는 무책임한 수컷을 잡아낼 수 있고, 이혼을 하더라도 친부에게 양육비를 청구할 수 있다. 하지만 그건 현대 문명 사회에서나 통하는 이야기다. 원시 사회에서는 생물학적 아버지에게 양육자로서의 책임을 다하게 할 제도적, 기술적 장치가 전혀 갖춰져 있지 않았다. 여자들로서는 애초에 무책임한 수컷과 결합을 하지 않는 것 말고는 별다른 대응책이 없었다.

이러한 입장 차이는 연애를 대하는 남녀의 태도의 차이로 이어진다. A와 B가 1억짜리 공동 사업을 하는데 A의 지분이 100만 원, B의 지분이 9,900만 원이라면 사업을 대하는 A와

B의 태도는 다를 것이다. 99%의 지분을 가진 B는 이 사업에 사활을 걸 것이다. 업계의 미래 전망, 정부 규제, 경쟁사들의 동향 등을 면밀하게 따질 것이다. 하지만 A는 그렇지 않을 것이다. 당연히 사업이 잘되길 바라긴 하겠지만 A만큼 적극적으로 사업에 관여하지는 않을 것이다. 남녀의 관계도 이와 같다. 여자는 아이를 낳고 기르기 위해 남자보다 훨씬 많은 자원을 투자한다. 그러니 잃을 것도 훨씬 많다. 아이가 살아남아 자기 유전자의 절반을 다음 세대로 성공적으로 전달하지 못한다면 그 아이를 키우기 위해 투자한 많은 시간과 노력과 자원들이 물거품이 되어 버릴 수 있다. 그래서 여자들은 남자보다 더 까다롭다. 키가 크고 체격이 듬직한지, 미래에 대해 어떤 비전을 갖고 있는지, 여자를 위해 헌신할 마음의 준비가 되어 있는지를 면밀히 따진다. 그 촘촘한 거름망을 통과하지 못한 남자에게는 성욕을 느끼지 않는다. 하지만 남자들은 대체로 더 낙관적이다. 더 쉽게 성욕을 느끼고 사랑에 빠진다.

물론 태초에서부터 그렇지는 않았을 것이다. 태초에는 처음 본 남자에게 쉽게 성욕을 느끼는 여자들도 있었을 것이다. 남자들이 여자들에게 그렇게 하듯이 말이다. 하지만 그들은 자기의 유전자를 후대로 전달하지 못했을 것이다. 열등한 수컷과 결합했다면 그 유전자를 물려받은 아이 자체의 생존율이 높지 않았을 것이고, 무책임한 수컷과 결합했다면 아버지로부터 아이의 생존과 번식을 돕기 위한 별다른 지원을 받지 못했을 것이다. 결국 세대가 지날수록 성적으로 개방적인 여자들의 유전자보다는 보수적인 성향을 가진 여자들의 유전자가 남게 된다. 그래서 여자들은 남자들에 비해 더 성에 보수적이다.

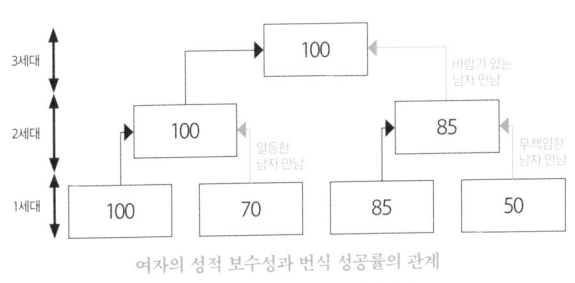

여자의 성적 보수성과 번식 성공률의 관계
(괄호 안의 숫자는 성적으로 보수적인 정도)

데이트 비용 문제도 마찬가지다. 한국 연애 문화에서는 남자가 여자를 위해 돈을 쓰는 게 바람직하게 여겨진다. 시간이 지나고 관계가 깊어지다 보면 여자도 점점 데이트 비용을 분담하지만 적어도 첫 만남에서는 남자가 여자를 위해 근사한 레스토랑에서 식사를 대접하는 게 암묵적인 규칙으로 통한다.

많은 남자들은 이에 불만을 갖고 있다. 옛날같이 남자들만 교육을 받고 직장을 다니던 시절도 아니고, 오히려 군대에 가지 않는 여자들이 사회 생활을 더 일찍 시작해서 연봉이 더 높은 경우도 많은데 데이트 비용은 아직까지도 남자의 의무로 남아 있는 게 불합리하다고 생각한다.

하지만 진화심리학자들의 시각에서 본다면 이는 하나도 이상한 게 아니다. 앞서 말했듯 종족 번식이라는 공동 사업을 위해 여자는 남자보다 훨씬 많은 자원을 투자한다. 그렇기에 여자는 그들의 동업자인 남자를 면밀히 고를 수밖에 없다. 데이트 비용은 그 검증 단계 중 하나다. 남자가 자기를 위해 어느 정도의 돈과 시간, 에너지를 쓰는지를 통해서 여자는 이 남자가 나, 그리고 미래에 태어날 우리의 아이를 위해 물질적, 정신적 지원을 아끼지 않는 헌신적인 성향을 가진 남자인지를 검증하는 것이다.

이러한 진화심리학의 논리를 바탕으로 픽업 아티스트들은 모솔남들에게 알파 메일이 되라고 한다. 현대 사회는 일부일처제 사회다. 차은우도 나도 똑같이 한 명의 짝만 만날 수 있다. 이제는 베타 메일도 도태되지 않고 자기의 유전자를 후대로 전할 수 있는 좋은 세상이 되었다. 원시인들은 짝짓기를 하기 위해 이웃 부족을 침략해서 여자들을 납치하고 남자와 아이들을 죽였지만 현대인들은 그렇게 하지 않아도 된다.

 하지만 그건 어디까지나 제도일 뿐이다. 제도는 우리의 행동을 통제할 수는 있지만 본성까지 바꾸진 못한다. 베타 메일인 우리도 언젠가 짝을 만날 수는 있을 것이다. 현대 사회는 일부일처제 사회이고, 어쨌거나 남녀의 생물학적 성비는 1대 1이니. 그런데 그게 진짜 사랑일까? 여자는 종족 번식을 위해 남자보다 많은 자원을 투자한다. 그래서 여자들은 아무 남자에게나 끌리지 않는다. 40주 동안의 임신, 산고의 고통, 오랜 시간 동안 아이를 키우는 데 들어가는 노력과 시간과 자원. 그 모든 걸 감수할 만한 가치가 있는 남자에게만 성욕을 느낀다. 그런데 우리가 그런 남자인가? 우리의 애인과 아내가 돈도 없고 키도 작고 얼굴도 못생긴 우리를 택한 이유는 무엇일까? 어쩔 수 없어서다. 그녀들의 본능은 우리 같은 베타 메일의 첫 번째 여자가 되기보다 차라리 차은우의 백 번째 여자가 되길 원하지만 현대 사회에서는 그게 불가능하니까 어쩔 수 없이 우리에게 온 것뿐이다. 그렇게 연애를 하고 결혼을 한들 무슨 의미가 있을까? 어쩔 수 없이 떠밀려서 우리를 택한 여자가 우리를 진심으로 존중하고 사랑해줄까? 결혼하자마자 직장을 그만두고 내 월급만 축내면서 사는 거 아닐까? 아이도 안 낳고 잠자리도 같이 해주지 않으면서 월급이 적다고 바가지나 긁지는 않을까? 밥은 차려줄까? 배달 음식 사 먹고 남은 국물에 밥이나 비벼 먹으라고 하는 건 아닐까?

픽업 아티스트들은 이런 모솔남들의 열등감과 여자에 대한 적개심, 그리고 그 이면에 있는 동경과 갈망을 자극한다. 자기 수강생들은 모두 모델이나 스튜어디스, 아나운서 같은 쭉쭉 빵빵한 여자들에게 진심 어린 사랑과 존경을 받으며 행복한 연애를 하고 있다며, 남자로 태어났으면 한 번쯤 그런 삶을 살아봐야 하지 않겠냐며 모솔남들을 자극한다.

그들의 주장은 대략 이렇다.

첫째, "나쁜 남자가 되어라."

여자들은 착한 남자를 만나고 싶다고 말한다. 하지만 그녀들의 실제 행동을 보면 그렇지 않다. 나쁜 남자, 제멋대로 구는 남자, 여자에게 막말을 하고 상처를 주는 남자가 여자에게 더 인기를 끄는 걸 흔히 보게 된다.

착한 행동은 낮은 지위를 암시하는 행동이기 때문이다. 인간은 이기적이다. 먹을 게 있으면 내가 먼저 먹고 싶고, 지하철에 자리가 나면 내가 먼저 앉고 싶은 게 인간의 본성이다. 그런데 나보다 강한 자 앞에서는 달라진다. 회식 자리에서 신입 사원은 부장님을 위해 고기를 구워드리고 술을 따라드린다. 부장님이 재미없고 공감도 가지 않는 꼰대 같은 이야기를 해도 불편한 내색을 하지 않고 얌전히 앉아서 들어드린다. 이기적인 본성을 억누르고 이타적인 행동을 한다. 하지만 부장님은 내 앞에서 그렇게 하지 않는다. 자기 하고 싶은 말, 하고 싶은 행동 다 한다. 부장님은 강자지만 나는 약자기 때문이다. 부장님한테 잘못 보이면 나는 인사 고과에서 낮은 등급을 받고, 성과급을 삭감당하고, 잘릴 수도 있지만 나에게는 부장님의 인사평가를 할 권한도, 연봉을 깎을 권한도 없기 때문이다.

연애도 마찬가지다. 여자들은 사회적 지위가 높은 남자를 만나고 싶어 한다. 체격이 건장하고 돈이 많고 잘 나가는 알파 메일의 그늘 아래에서 안락한 삶을 살길 원한다. 하지만 그런 남자는 여자에게 잘해줄 이유가 없다. 아쉬울 게 없기 때문이다. 잘 나가는 남자의 주위에는 여자들이 많다. 그에게 그녀는 있으나 마나 한 어장 속의 물고기 한 마리일 뿐이다. 그러니 여자에게 잘 보이려 노력할 필요도, 어린 아이 같은 투정을 받아줄 필요도 없다. 하지만 여자의 입장은 다르다. 알파 메일과 짝짓기를 할 기회를 놓치는 건 여자의 입장에서 큰 손해다. 그렇기 때문에 그녀는 어떻게든 그를 붙잡아야 한다. 나는 부장님의 눈치를 보지만 부장님은 내 눈치를 보지 않아도 되는 것처럼 말이다.

하지만 우리 같은 평범한 남자들은 다르다. 대안이 없다. 지금 연락하고 있는 그녀가 유일한 선택지다. 그녀를 잃는 건 우리에게는 온 세상 모든 여자를 잃는 것과 같다. 그러니 어떻게든 맞춰줘야 한다. 잘생기지도, 힘이 세지도, 돈이 많지도 않으니 착하기라도 해야 한다. 여자들이 착한 남자를 좋아하지 않는 건 그 때문이다.

"스파이서 윌콕스 집안사람들이 가네요, 엄마!"
1892년 〈펀치(Punch)〉에 실린 만화에서 봄날 아침에 하이드 파크를 걷던 딸은 어머니에게 소리친다.
"우리와 사귀고 싶어 죽을 지경이라는 이야기를 들었는데, 부르는 게 좋을까요?"
"안 되지, 얘야."
어머니가 대답한다.
"우리와 사귀고 싶어 죽을 지경인 사람들은 우리가 사귈 만한 사람들이 아니야. 우리가 사귈 만한 사람들은 오직 우리와 사귀고 싶어 하지 않는 사람들뿐이란다!"

- 「불안」, 알랭 드 보통, 2004

물론 이건 잘못된 생각이다. 사람들은 대체로 자기보다 잘난 사람 앞에서는 허리를 숙이고, 못난 사람 앞에서는 고개를 들지만 늘 그렇지는 않다. 세상에는 자기보다 강한 자에게 당당히 고개를 들고 제 목소리를 내고, 약자를 위해 스스로를 낮추는 사람들도 있다. 당신을 위해 헌신하고 먼저 연락을 하고 지갑을 여는 그 남자 역시 마찬가지다. 당신의 비위를 맞추기 위해 당신 앞에 머리를 조아리는 것일 수도 있지만 아닐 수도 있다. 배려와 존중, 매너가 자연스럽게 몸에 배어 있는 걸 수도 있고, 사랑하는 당신을 조금이나마 편하게 해주기 위해 자신을 낮추는 것일 수도 있다.

하지만 대부분의 사람들은 그 가치를 알아보지 못한다. 잘해주면 우습게 알고 두려움과 열등감을 자극하면 고분고분해진다. 그 핵심에는 빈곤한 자존감이 있다. 스스로의 가치를 확신하는 사람이라면 저렇게 생각하지 않을 것이다. 내가 존중받을 만한 가치가 있는 사람이라 나를 존중해주는 것이지, 저 남자가 가치가 떨어지는 남자라서 내 앞에서 굽신대는 거라 생각하지는 않을 것이다. 하지만 사람들은 그런 생각을 하지 못한다. 돈, 직업, 학벌, 집안, 자산, 키, 외모, 몸매. 무수히 많은 기준으로 사람들을 상품화하고 줄 세우는 현대 자본주의 시스템에 길들여져 스스로의 눈으로 자기의 가치를 평가하지 못한다. 한 달에 천만 원을 벌어도 2천만 원 버는 사람 앞에 열등감을 느끼고 10억이 있어도 20억 가진 사람 앞에 머리를 조아린다.

나쁜 남자 전략이 통하는 건 그래서다. 실제로는 가진 것도 내세울 것도 없어도 일단 내가 너보다 우위에 있다는 듯 건방지게 행동하면 상대방은 정말로 '잘은 모르겠지만 무언가 내세울 게 있는 사람인가 보다.' 하고 생각하게 된다.

그래서 픽업 아티스트들은 여자한테 잘해주지 말라고 한다. 여자들의 자존감 충전기가 아니라 하고 싶은 대로 다 하면서도 여자의 존중과 진심 어린 사랑을 받을 수 있는 알파메일이 되라고 한다.

이렇게 말하면 모솔남들은 반문할 것이다. '그건 잘생긴 남자들만 쓸 수 있는 전략 아닌가요?', '배려해주고 매너 있게 행동하는 남자들이 사방 천지에 깔렸는데 우리 같이 별 볼 일 없는 남자들이 나쁜 남자 같이 군다고 여자들이 눈길이나 줄까요?' 할 것이다. 이에 대한 대안으로 픽업 아티스트들은 밀당을 제시한다. 무작정 여자에게 못되게 굴라는 게 아니라, 평소에는 못되게 굴다가 여자가 지쳐 떨어져 나가려 할 때쯤 한 번씩 스윗한 면모를 보여줌으로써 그 스윗함의 효과를 극대화하라는 말이다. 경제학에는 한계 효용 체감의 법칙이라는 게 있다. 어떤 재화를 한 개 더 소비할 때마다 그 재화로부터 얻게 되는 효용이 떨어진다는 것이다. 어느 무더운

여름날 만원 지하철을 타고 집에 돌아와서 냉장고에 들어 있는 아이스크림을 한 개 꺼내먹으면 그 맛이 끝내줄 것이다. 하지만 하나를 더 먹으면 처음만 못할 것이다. 세 개 먹으면 질리고 네 개 먹으면 더는 못 먹겠다는 생각이 들 것이다. 세상 모든 게 그렇다. 에르메스 명품 백도 포르쉐 슈퍼카도 강남 압구정동에 있는 30억짜리 아파트도 언젠가는 질린다.

한계 효용 체감의 법칙은 연애에도 적용된다. 나에게 열 번 못 해주던 남자가 한 번 잘해주면 그 기분은 정말 짜릿하다. 하지만 매번 잘해주기만 하면 질린다. 아이스크림을 한 개 먹었을 때와 열 개 먹었을 때 기분이 다르듯이. 나쁜 남자가 연애를 잘하는 건 그래서다. 그들은 완급조절을 할 줄 안다. 평소에는 무심하게 대하다가 한 번씩 잘해줘서 여자의 애간장을 타게 만든다. 하지만 모솔남들은 그걸 모른다. 무조건 잘해주려고만 한다. 결국 여자는 질려버린다.

그래서 픽업 아티스트들은 밀당을 하라고 한다. '점심 드셨어요?', '퇴근하셨어요?' 같은 뻔한 안부 인사를 하지 말라고 한다. 여자에게 연락이 오면 바로 답장하지 말고 뜸을 들이라고 한다. 비싼 레스토랑에 데려가거나 비싼 선물을 하지 말라고 한다. 여자를 편하게 해주겠답시고 집 앞까지 바래다주지 말고 중간쯤에서 만나라고 한다. 여자가 다른 남자와 어울리거나 내 자존심을 깎아내리거나 과도한 요구를 하는 걸 좌시하지 말라고 한다. '네가 내 기준에 어긋나게 행동하면 나는 언제든 널 떠날 수 있다.'라는 메시지를 여자에게 주지시키라고 한다. 여자에게 100을 해주지 말고 50만 해준 뒤, 나머지 50은 여자가 채우게 하라고 한다. 여자가 나에게 어느 정도의 충성심을 보여주었을 때 호의를 베풀면 그 효과는 배가 될 거라고 한다.

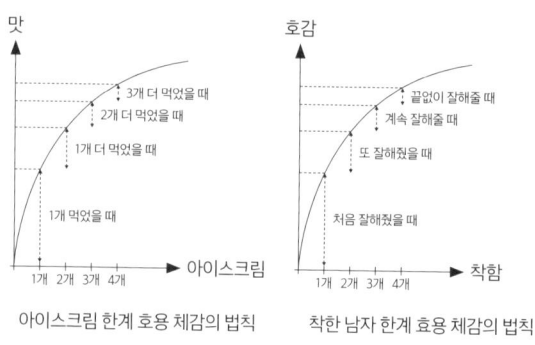

아이스크림 한계 호용 체감의 법칙    착한 남자 한계 효용 체감의 법칙

둘째, "20대 여자를 만나라."

픽업 아티스트들은 모솔남들에게 어린 여자를 만나라고 한다. 자기 수강생들은 다들 그런 여자들을 만나고 있다고, 당신도 할 수 있다고 말한다.

이렇게 말하면 모솔남들은 덜컥 겁을 먹을 것이다. 20대 여자들은 어리고 예쁘다. 그래서 수요가 많다. 고소득 전문직남도, 185cm에 100kg 나가는 근육헬창남도, 위트와 센스로 무장한 연애 고수들도 모두 20대 여자를 원한다. 그런데 내가 통할까? 30대 여자들에게도 안 먹히는 나를 20대 젊고 생기 있는 여자들이 좋아해 줄까?

여기서 30대 남자 와인론이 등장한다. 익을수록 그 가치가 더 올라가는 와인처럼 남자는 나이를 먹을수록 더 멋있고 여유롭고 남자다워진다는 것이다. 남자는 어리고 예쁜 여자를 좋아하지만 여자는 사회적 지위가 높은 남자를 좋아한다. 사회적 지위가 높고 보유하고 있는 자원이 많아야 자신들에게 안락한 삶을 보장해 줄 수 있다는 걸 여자들도 본능적으로 아는 것이다. 그런데 여자의 경쟁력인 신체적 아름다움과 남자의 경쟁력인 지위는 반대의 속성을 갖고 있다. 신체적인 아름다움은 20대에 정점을 찍고 이후에는 조금씩 가치가 떨어지지만 남자의 사회적 지위는 나이를 먹을수록 올라간다. 20대 남자는 돈도, 직업도, 자동차나 명품 시계도 없지만 30대가 되면 대리나 과장 직급을 달고 중형 세단도 몰게 된다. 그렇기 때문에 30대 남자가 30대 여자를 만나는 건 바보짓이다. 남자로서 가치의 정점을 찍은 30대 남자가 가치가 떨어질 일만 남은 30대 여자를 왜 만나는가? 도널드 트럼프나

윤석열 전 대통령, 배우 레오나르도 디카프리오나 소지섭 모두 띠동갑도 넘게 차이 나는 트로피 와이프를 거느리고 있지 않은가! 우리도 여자로서 정점에 오른 20대 여자를 만나자! 픽업 아티스트들은 이렇게 말한다.

  모솔들은 여전히 미심쩍어할 것이다. 저희 모솔들이랑 도널드 트럼프 대통령은 다르지 않나요? 그건 소지섭이나 디카프리오 같은 존잘남들이라서 가능한 거 아닌가요? 혼란과 근심에 빠진 모솔남들에게 픽업 아티스트들은 앞서 소개한 한계 효용 체감의 법칙을 다시 언급한다. 세상 모든 건 익숙해진다. 그리고 질린다. 아이스크림 1개를 처음 먹었을 때와 10개를 내리 먹었을 때 기분이 다르듯이. 30대 여자들이 그렇다. 20대 때 이미 다 누려봤다. 명품 백이나 금반지도 받아봤고, 1인분에 수십만 원을 넘나드는 오마카세나 미슐랭 3스타 식당, 5성급 호텔도 다 가봤다. 고소득 전문직도, 사업가도 다 만나봤다. 벤츠도 타봤고 BMW도 타봤다. 그녀들은 이미 다 닳아버렸다. 그래서 더 이상 아무것도 느끼지 못한다. 그녀들을 감동시키려면 그녀들이 지금껏 누려온 온갖 호사들보다도 더 놀라운 호사를 누리게 해주어야 한다. 30대 여자들은 밑 빠진 독과 같다.
  하지만 20대 여자들은 다르다. 30대 여자들보다 경험이 적다. 그래서 모든 것이 새롭다. 30대 여자들은 BMW를 태워줘도 포르쉐 태워주던 전 남자 친구와 비교를 하지만 20대 여자들은 아반떼만 끌고 나가도 신기해한다. 30대 여자들은 오마카세를 사줘도 만족하지 못하지만 20대 여자들은 아웃백만 데려가줘도 좋아한다. 20대 여자들을 감동시키는 게 오히려 30대 여자들을 감동시키는 것보다 더 쉽다.

당신은 어떻게 할 것인가? 1인당 30만 원짜리 오마카세를 사주고 여자로서 가치가 떨어질 일만 남은 30대 여자를 만날 것인가? 아니면 3만 원짜리 아웃백을 사주고 인간 비타민 같은 20대 여자를 만날 것인가?

셋째, "만나는 여자의 수를 늘려라."

나쁜 남자가 되어라, 20대 여자를 만나라, 말은 쉽다. 누구인들 이기적이고 속물적인 여자들에게 퍼주고만 싶겠는가, 누구인들 어리고 파릇파릇한 20대 여자를 만나고 싶지 않겠는가.

하지만 나쁜 남자 전략을 실제로 구사하기란 말처럼 쉽지 않다. 모솔남들에게는 마음의 여유가 없기 때문이다. 나쁜 남자 전략은 분명 효과적이다. 10번 잘해주다 1번 못 해주면 실망하지만 10번 못 해주다 1번 잘해주면 겉은 저래 보여도 속은 여리고 착한 사람이라며 감동하는 게 사람 마음이다. 그러니 매번 잘해주기만 해서는 안 된다. 여자가 긴장할 수 있게, 나의 '호의'를 '권리'로 여기지 않을 수 있게 가끔씩은 긴장감을 불어 넣어 줘야 한다. 하지만 이 전략에는 리스크가 있다. 냉담한 태도에 기분이 상한 여자가 떠나버릴 수 있다는 것이다. 대부분의 남자들이 그걸 두려워한다. 그래서 어쩔 수 없이 착한 남자 전략을 쓴다. 남들처럼 뻔한 짓을 한다. 그러다 버려진다.

그렇기 때문에 나쁜 남자는 여유로워야 한다. 여자 한 명쯤 떠나가건 말건 눈도 깜짝하지 말아야 한다. 그녀를 세상 가장 아름답고 특별하고 소중한 존재가 아니라 언제든 대체될 수 있는 평범한 여자로 대해야 한다. 여자에게 안달복달하는 남자는 재미없다.

그렇다면 뭘 해야 할까? 어떻게 하면 여유로운 남자가 될 수 있을까? 자기계발서를 읽거나 유튜브에서 동기부여 영상을 보면 될까? 매일 자기 전 30분 동안 명상을 하면 될까? 아침마다 5km씩 달리기를 하면 될까? 본업에 충실해서 자기 분야에 전문성을 쌓으면 될까? 아니, 다 틀렸다. 여자를 많이 만나면 된다. 앞서 나는 픽업 아티스트들이 모솔남들에게 권하는 행동 패턴을 나쁜 남자 전략으로 명명했다. 하지만 이건 잘못된 워딩이다. 비싼 선물을 사주지 않는 것, 문자에 바로 답장하지 않는 것, 확신을 주지 않고 애타게 만드는 건 나쁜 행동이 아니다. 정확히 말하면, 여자들이 우리한테 하는 행동이다. 여자들이 우리에게 선물을 사준 적이 있는가? 데이트를 마치고 집까지 바래다준 적이 있는가? 아침에 잘 잤냐고, 밤에 잘 자라고 문자를 보내준 적이 있는가? 변하지 않는 정성과 진심으로 우리에게 안정감을 준 적이 있는가? 없을 것이다. 나쁜 남자 전략은 사실 나쁜 남자 전략이 아니다. 여자들이 하던 대로 돌려주자는 것뿐이다. 만약 저렇게 하는 게 나쁜 남자라면 세상 여자들은 다 나쁜 여자들이다.

　그렇다면 여자들은 왜 저렇게 행동하는 걸까? 우리는 여자가 우리를 떠나가는 게 두려운데 여자들은 왜 우리가 떠나가는 걸 두려워하지 않는 걸까? 우리는 여자 앞에서 여유가 없는데 여자들은 왜 우리 앞에서 여유가 있는 걸까? 여자들이 매일 30분씩 명상을 해서? 자기 분야에서 전문성을 갖춘 대가들이라서? 답은 간단하다. 그녀들은 우리 말고도 만날 남자가 많기 때문이다. 그녀들의 시큰둥한 태도에 기분이 상해서 우리가 떨어져 나가더라도 그녀들에게 근사한 저녁 식사를 대접하고 명품 백을 사주고 달콤한 사랑의 언어를 속삭여줄 남자들은 널리고 널렸다.

　그러니까 우리도 똑같이 하면 된다. 연락하는 여자의 개체 수를 늘리면 된다. 남자는 여자보다 성욕이 강하다. 그래서 보다 적극적으로 다가간다. 여자의 곁에는 자연스럽게 남자들이 모인다. 그들 중 하나가 떨어져 나가도 여자는 크게 연연하지 않게 된다. 여자의 여유는 자연스럽게 학습된다. 하지만 남자는 다르다. 평범한 남자에게는 어떤 여자도 관심을 가지지 않는다. 그러니 스스로 우물을 파야 한다. 압구정 가로수길에 나가서 헌팅을 하건, 나이트클럽에 가건, 소개팅 어플을 돌리건, 어떻게 해서든 여자의 연락처를 최대한 많이 수집해야 한다. 물론 대부분 거절당할 것이다. 벌레를 보듯 경멸하는 시선으로 당신을 쳐다보는 여자들의 태도에 위축되기도 할 것이다. 하지만 금방 익숙해진다. 여자만 보면 자동 응답기처럼 "저기서 봤는데 제 스타일이셔서요. 연락처 좀 주실 수 있으신가요?"가 나오는 경지에 이르게 된다. 그렇게 10명쯤 물어보면 1명 정도는 연락처를 줄 것이다. 물론 막상 연락을 해보면 80% 확률로 연락을 받지 않을 것이다. 답장이 오더라도 카톡이 두 번 이상 이어지지 않을 것이다. 그러면 또 10명에게 물어보면 된다. 이것을 계속 반복하다 보면 연락을 받아주는 여자도 몇 명 정도는 생길 것이다. 물론 그들 중 80%는 또 떨어져 나갈 것이다. 그러면 또 번호를 물어보면 된다. 그렇게 온 세상 여자들에게 연락처를 물어보다 보면 나만의 어장이 생길 것이다. 지금부터다. 이젠 우리도 주변에 많은 여자를 거느릴 수 있다. 하나쯤 떨어져 나가도 상관없다. 어차피 여자는 많다. 오히려 이런 여유 있는 바이브에 더 많은 여자가 이끌리게 될 것이다. 마치 돈이 돈을 벌 듯, 유명인들이 점점 더 유명해지듯, 우리는 점점 더 많은 여자를 거느리게 될 것이다. 우리도 알파 메일이 될 수 있다.

어장관리남이 매력적인 이유

이게 픽업 아티스트들이 가르치는 나쁜 남자 전략이다. 얼핏 그럴싸해 보인다. 여자들은 오랫동안 변치 않고 한결같이 자기만을 바라봐줄 남자를 원한다고 말한다. 하지만 우리가 그렇게 하면 부담스럽다고 한다. 왜일까? 우리가 얼굴이 잘생기지 않았고, 키가 180cm가 안 되고 전문직이 아니라서일까?

물론 그럴 수도 있다. 하지만 정말인가? 주변에 결혼한 친구들을 보라. 다 당신보다 잘났는가? 당신 아버지를 보라. 그렇게 잘생겼고 키가 크고 조건이 좋은가? 아마 아닐 것이다.

  보다 중요한 이유는 마음의 여유를 잃었다는 것이다. 사람은 누구나 소중한 걸 잃는 걸 두려워한다. 2천 원을 주고 복권을 살 때는 별 고민 없이 사지만 수천만 원짜리 자동차나 수억짜리 집을 살 때는 오랫동안 고민해서 결정한다. 잘못된 선택으로 거금을 날릴까 두렵기 때문이다. 연애도 마찬가지다. 우리가 여자 앞에서 긴장하는 이유는 그녀를 너무나 많이 좋아하기 때문이다. 혹시 내가 던진 농담에 분위기가 썰렁해지거나 그녀가 불쾌해할까 봐 재미없고 무미건조한 대화만 하고, 그녀와 공감대를 형성하기 위해서 그녀가 하는 말은 무조건 다 옳다고 하는 것이다. 하지만 슬프게도 그녀는 그런 우리의 마음을 알아주지 않는다. 매력도 재미도 자기 세계도 없는 사람이라고 느낄 뿐이다. 그러다 차인다.

  그러면 어떻게 하면 될까? 간단하다. 그녀를 소중히 여기지 않으면 된다. 모솔남들이라고 모든 여자 앞에서 긴장하는 건 아니다. 관심 없는 여자 앞에서는 모솔들도 마음의 여유를 가질 수 있다. 여자가 어떻게 생각할지 걱정하지 않고 자신 있게 나만의 개성과 세계관을 보여줄 수 있고, 자연스럽게 농담을 던지면서 여자와 티키타카를 이어 나갈 수도 있다. 그런 모습에 이끌려서 모솔남을 좋아하는 여자가 생기기도 한다.

 그러니 여자를 많이 만나야 한다. 어리고 핫한 여자들이 많은 장소에 가야 한다. 핸드폰에 여자 연락처를 최대한 늘려야 한다. 그러면 여자가 카톡 답장을 늦게 하건, 이모티콘을 안 붙이건, 눈에 빤히 보이는 핑계를 대며 약속을 차일피일 미루건 연연하지 않을 수 있게 된다. 그 여유로움에 여자들은 매력을 느낀다. 그러다 보면 당신도 알파 메일이 될 수 있다. 겁먹을 거 없다. 당신은 남자로서 가치의 절정에 이른 30대니까. 당신에게는 K5 승용차와 중견 기업 대리 명함이 있으니까!

 하지만 실상은 그렇지 않다. 그들의 논리에는 몇 가지 중대한 오류들이 있다.

**첫째, 여자들은 바보가 아니다.**

 경영학에는 혁신 확산 저항(Innovation resistance)이라는 개념이 있다. 혁신은 늘 기존의 방식에 대한 파괴를 동반하기 때문에 기존의 방식에 익숙한 사용자들로부터 어느 정도의 저항이 발생할 수밖에 없다는 것이다.

 한 예로, 대부분의 회사에서는 마이크로소프트 엑셀을 쓴다. 요즘 세상에 월별 매출 추이나 영수증 사용 내역을 정리할 때 엑셀 함수 대신 계산기를 쓰는 사람이 있다면 시대에

뒤떨어진 사람이라며 비웃음을 사게 될 것이다. 하지만 엑셀이 처음 도입되었을 때는 달랐을 것이다. 계산기를 두들기면 되는데 무엇 하러 어렵고 복잡한 함수를 입력해야 하냐며 투덜대던 사람들도 많았을 것이다. 계산기가 처음 도입되었을 때도 그랬을 것이다. 주판에 익숙하던 사람들은 계산기가 불편하다고 생각했을 것이다. 아마 지금도 그럴 것이다. 초등학생들이 코딩을 배우는 요즘 세상에도 회사에서 여전히 엑셀을 쓰는 이유는 어쩌면 엑셀에 익숙한 기성 세대들의 혁신 확산 저항 때문일지 모른다.

그래서 경영학자들은 혁신 확산 저항을 줄이기 위한 다양한 방법들을 제시한다. 기존 방식에 익숙한 사용자들이 새로운 방식에 금방 적응할 수 있도록 교육을 하거나 매뉴얼을 만들기도 하고, 기존 사용자들의 심리적 저항을 줄이기 위해 새로운 방식의 이점을 적극적으로 알리기도 한다.

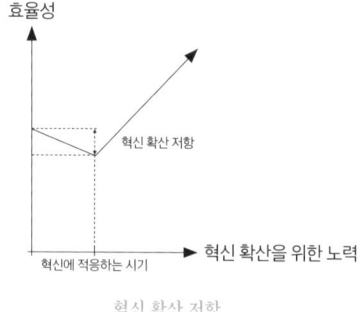

혁신 확산 저항

혁신 확산 저항이라는 개념은 연애에도 적용될 수 있다. 나쁜 남자 전략은 분명 혁신적이다. 어리고 예쁜 여자 주변에는 남자들이 많다. 맛있는 거 사주겠다는 오빠, 뮤지컬이나 콘서트 보러 가자는 오빠, 드라이브 가자는 오빠, 선물 사주는 오빠까지 종류별로 다 있다. 그들과는 달라야 한다. 마냥 호의만 베풀어서는 그들과 차별화가 될 수 없다. 모두가 그녀 앞에 납작 엎드려 비굴한 웃음을 지을 때 한 남자가 '네가 뭔데? 뭐 돼?' 하는 표정으로 고개를 빳빳이 들고 있다면 자연히 눈에 띌 것이다. "나에게 이렇게 대한 건 네가 처음이야!" 하면서 사랑에 빠질 수도 있다.

데이팅 예능인 솔로지옥에 출연했던 덱스가 대표적인 예다. 당시 남자 출연자들은 여자 출연자들이 처음 등장할 때 다들 나서서 캐리어를 들어주었다. 그런데 단 한 사람, 덱스만 그렇게 하지 않았다. 여자들에게 쉽사리 호의를 베풀지 않는 그의 모습에 여자들이 오히려 호기심을 갖기 시작했고, 그는 데이팅 예능 역사상 가장 핫한 인물이 되었다.

연애 유튜버나 데이팅 코치들은 이런 케이스들을 예로 들며 여자에게 밀당을 걸라고 한다. 처음부터 100을 보여주지 말고 50만 보여주라고 한다. 그러면 여자들은 나머지 50이 무엇인지 궁금해하게 된다. 그 궁금증을 해소하기 위해 남자에게 먼저 연락하고 관심을 표하기 시작한다. 그때 나머지

50을 보여주는 거다. 그러면 처음부터 100을 보여주었을 때보다 훨씬 큰 효과를 얻을 수 있다.

하지만 문제는 혁신 확산 저항이다. 나쁜 남자 전략. 말은 좋다. 그런데 주변에 나쁜 남자 전략으로 결혼에 성공한 사람이 있는가? 아버지, 형, 직장 선배들에게 물어보라. 아마 없을 것이다. 있더라도 한둘일 것이다. 대부분은 그냥 잘해 줬을 것이다. 맛있는 것도 사주고, 경치 좋은 곳에도 데려가고, 추울 땐 옷도 벗어주면서 겨우 그녀의 마음을 얻었을 것이다.

왜 그랬을까? 나쁜 남자 전략을 쓰면 여자를 위해 돈과 시간, 노력, 감정 에너지를 쓰지 않으면서도 여자의 마음을 쥐락펴락할 수 있다는데 주변 친구들이나 선배들은 이 좋은 걸 왜 안 하고 바보같이 여자들에게 퍼주거나 했던 걸까? 나쁜 남자 전략은 어렵기 때문이다. 나쁜 남자는 여자를 위해 돈을 많이 쓰지 않는다. 시시각각 연락을 해주지도 않는다. 하지만 핵심은 그게 아니다. 그보다 훨씬 중요한 건 여유다. 네가 날 어떻게 생각하더라도, 심지어는 나에게 실망해서 떠나버린다 해도 눈 하나 깜짝하지 않을 수 있는 담대함이 필요하다. 그게 없이는 매력적인 나쁜 남자가 될 수 없다. 여자한테 밥 한 끼 사줄 능력도 없어서 돈이나 내라 하는 쫌생이밖에 안된다.

 그 여유는 하루아침에 만들어지는 게 아니다. 여자에게 숱하게 다가가고 숱하게 거절당하고 그 와중에 가뭄에 콩 나듯 찾아오는 작은 성취들을 맛보는 과정에서 자연스럽게 그의 목소리와 제스처, 눈빛에 녹아드는 것이다

 여자들은 그걸 귀신같이 알아본다. 여자들은 200만 년 전부터 '진짜' 알파 메일을 알아보는 감을 길러왔다. 진짜 알파 메일과 결합한 여자들은 자기의 유전자를 후대로 전달했지만, 진짜인 척하는 '가짜'에게 속은 여자들은 그렇게 하지 못했다. 지금 우리 앞에 앉아서 아이스 아메리카노를 마시고 있는 그녀는 바보가 아니다. 수천 세대 동안의 경쟁에서 살아남은 유전자를 갖고 있는, 남자 감별하기 토너먼트 대회 챔피언이다. 그런 그녀의 눈을 속일 수 있을 것 같은가?

 그렇기 때문에 나쁜 남자 전략을 제대로 구사하기 위해서는 혁신 확산 저항을 효과적으로 이겨내야 한다. 수백만 원씩 하는 픽업 아티스트 현장 강의를 결제하고, 강남에서 제일 핫한 클럽에 가서 제일 핫한 여자들에게 매일 매일 연락처를 물어볼 정도의 각오는 되어 있어야 한다. 여자들로부터의 경멸 어린 눈빛, 남들 다 하는 연애를 수백만 원 주고 배운다는 자괴감, 어쩌면 강사가 사기꾼일지 모른다는 의구심을 다 이겨내고 매력적인 나쁜 남자가 되어서 20대 쭉쭉빵빵

한 여자를 만나고야 말겠다는 결연한 의지가 필요하다.

  그렇게 하지 못할 거라면 그냥 착한 남자 전략을 쓰는 게 차라리 낫다. 물론 그 역시 쉽지는 않을 것이다. 다른 남자들도 다 하는 흔해 빠진 전략으로 여자들의 마음에 강렬한 인상을 남길 수는 없을 것이다. "오빠는 너무 좋은 사람이지만 아직 남자로 느껴지지는 않는 것 같아서….”로 시작하는 문자를 수십, 어쩌면 수백 번은 받아야 할 것이다. 하지만 그런 와중에도 가끔은 기적이 일어날 것이다. 아마도 저들이 말하는 대단한 여자는 아닐 것이다. 어쩌면 당신을 진심으로 사랑하지 않으면서 당장 외롭고 심심해서 만나는 것일 수도 있다. 하지만 그런 연애라도 해보면 경험을 쌓을 수 있다. 손도 잡아보고 뽀뽀도 해보고 운이 좋으면 섹스도 해보게 된다. 몇 시간 동안 휴대폰을 붙들고 통화를 하기도 하고, 경치 좋은 곳에 놀러 가기도 하고, 가끔은 싸우기도 하게 된다. 그러다 보면 오히려 여자가 날 더 좋아하게 되기도 한다. 물론 일주일 만에 헤어질 수도 있고, 손도 못 잡아볼 수도 있지만 다 경험이다. 다음번에 누군가를 만났을 때 더 잘하면 된다. 픽업 아티스트들이 말하는 나쁜 남자 전략은 그런 경험들이 쌓여서 여자를 대하는 게 능숙해지다 보면 자연스럽게 쓸 수 있게 되는 것이지, 유튜브 한 번 보고 따라 할 수 있는 게 아니다.

하지만 여자를 한 번도 만나보지 못한 모솔남이 어설프게 나쁜 남자를 흉내 내려다가는 연애를 시작조차 할 수 없다. 경험치를 쌓을 수도 없다. 결국 픽업 아티스트들이 말하는 알파 메일이 되어서 어리고 예쁘고 핫한 여자들을 양 사이드에 끼고 다녀보지도, 주변 친구나 동료들처럼 대단하지는 않지만 착하고 평범한 여자를 만나서 가정을 꾸려보지도 못하고 여자들 원망만 하면서 늙어가게 될 것이다.

둘째, 30대 남자는 와인이 아니다.

픽업 아티스트들은 30대가 남자의 전성기라고 한다. 여자들은 남자의 경제력과 사회적 지위를 중시하기 때문에 가진 것 없고 경험도 없는 20대보다 안정된 커리어와 자산을 축적한 30대 남자를 만나고 싶어한다고 한다. 그러니까 20대 여자를 만나라고 한다. 20대 어리고 탱탱할 때는 잘생기고 돈 많고 잘나가는 알파 메일들과 놀아나다가 30대가 되어 연애 시장에서 가치가 떨어질 때가 되니 착실하게 공부하고 돈을 모은 당신에게 숟가락을 얹으려 하는 능구렁이 같은 30대 여자들에게 속지 말고 차라리 작은 것에도 감사할 줄 아는 순결한 20대 여자를 만나라고 한다.

아주 틀린 말은 아니다. 여자는 아이를 낳고, 기른다. 남자는 여자가 임신과 출산, 육아를 수행하는 동안 경제적, 물리적, 정신적으로 여자를 보호해 준다. 그래서 여자는 힘을 가진 남자를 원한다. 원시 사회에서는 가장 원초적인 물리적 힘을 가진 남자를 원했고, 현대 사회에서는 사회, 경제적 지위를 갖춘 남자를 원한다.

그걸 갖췄다면 남자는 30대건 40대건 어리고 예쁜 여자를 만날 수 있다. 꼭 배우 공유나 정우성처럼 조각 같은 외모와 훤칠한 체격을 갖고 있어야 하는 게 아니다. 걸그룹 뉴진스의 소속사인 하이브 엔터테인먼트의 방시혁 대표와 인플루언서 과즙세연의 염문설, 도널드 트럼프 대통령과 그의 딸뻘되는 아내 이방카 트럼프를 보면 알 수 있다.

그런데 정말인가? 이 논리가 당신에게도 해당될까? 도널드 트럼프나 방시혁 대표가 20대 여자를 만날 수 있으니까 우리도 마음만 먹으면 그렇게 할 수 있을까? 연봉이 1억이면 실수령 액은 약 7,800만 원이다. 월 650만 원 정도다. 대단한 연봉이다. 이 정도의 연봉을 받으려면 일류 대기업에 취업해서 몇 년 동안 최고 수준의 인사고과와 성과급을 받아야 할 것이다. 하지만 막상 그렇게 대단한 돈도 아니다. 서울 시내의 어지간한 지역은 아파트값이 10억을 넘어간다. 퇴직을 할 때까지 쉬지 않고 모아도 아파트 한 채 구하기 어렵다. 아이를 낳고 기르는데 드는 돈까지 생각한다면 까마득하다. 연봉 1억은 분명 대단하지만 여자의 팔자를 고쳐줄 수 있을 정도의 돈은 아니다. 1억을 벌어도 돈 걱정은 끝이 없다.

그런데 아마 당신의 연봉은 1억이 되지 않을 것이다. 매우 높은 확률로 실수령 500만 원이 되지 않을 것이다. 기업의 사장이나 임원도 아닐 것이다. 그냥 평범한 회사에서 평범한 직원으로 평범한 대우를 받으며 살고 있을 것이다. 당신의 노력을 폄하하려는 건 아니다. 한 사람의 사회인으로서 제 몫을 하고 살아간다는 건 그 자체로 대단한 일이다. 충분히 존경받을 만하다. 하지만 여자들도 그렇게 봐줄까? 30대 남자의 사회적 지위가 20대 여자의 풋풋함과 싱그러움에 비견될 정도의 가치를 갖고 있을까?

그건 논할 가치조차 없는 문제다. 스스로 생각해 보면 답이 나온다. 20대 여자들은 자기들의 가치를 스스로 잘 알고 있다. 잘생기고 키 큰 남자도, 전문직이나 사업가들도 모두 자기를 원한다는 걸 알고 있다. 자신들의 젊음과 신체적 아름다움을 잘 활용하면 엄청난 편의와 즐거움을 누릴 수 있다는 걸 알고 있다. 그런데 그걸 누가 가르쳐줘서 아는 걸까? 어느 자기 계발 강사나 연애 코치가 당신들은 가치 있고 소중한 존재이니 남자들로부터의 인기를 마음껏 누리라고 가르쳐준 적이 있나? 없다. 그냥 아는 거다. 남자들이 쉴 새 없이 연락을 하고, 근사한 곳에 데려가고, 비싼 선물을 사주니까 자연스럽게 아, 내가 인기가 있구나, 하는 걸 알게 되는 거다. 남자도 마찬가지다. 정말로 가치가 있는 남자라면 자기가 가치가 있다는 걸 모를 수가 없다. 가만히 있어도 여자들이 쳐다보고, 먼저 말을 걸어주고, 관심을 가져주는데 어떻게 모르겠는가. 그런데 우리에게 어떤 여자가 그런 관심과 애정을 보여준 적이 있었나? 30대가 되었다고 여자들이 먼저 달려들어서 맛있는 거 먹으러 가자, 공연 보러 가자, 드라이브 가자 한 적이 있나? 아마 없을 것이다. 이유는 간단하다. 우리는 그 정도의 가치를 가진 남자들이 아닌 것이다. 우리들이 와인이라는 걸 픽업 아티스트들에게 배워야 한다는 자체가 우리가 와인이 아니라는 증거다.

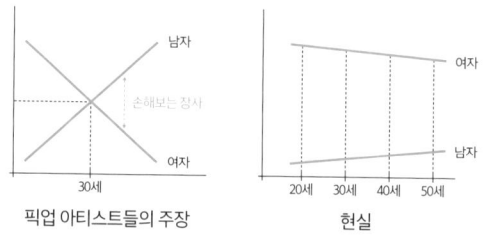

나이에 따른 남녀의 가치 변화

"남자의 가치는 시간이 지날수록 올라가고, 여자의 가치는 떨어지는 건 맞다. 하지만 그렇다고 30대 이후 남자가 여자보다 갑이 되는 건 아니다. 평범한 남자가 평범한 여자보다 귀해지는 시기는 평생을 가도 오지 않는다."

셋째, 당신은 밀당이라 생각하겠지만 실은 그냥 여자를 피한 것이다.

 자책형 모솔들은 여자로부터 거절당하는 걸 두려워한다. 한 여자로부터의 거절을 세상 모든 여자로부터의 거절, 나아가 자신의 존재 자체에 대한 부정으로 받아들이기 때문이다.
 이러한 자책형 모솔들에게 픽업 아티스트들의 강의는 오히려 악영향을 미친다. 픽업 아티스트들은 모솔남들에게 여자에게 잘해주지 말라고 한다. 먼저 연락하지 말고, 비싼 선물을 사주려 하지도 말고, 상대방에게 충분히 긍정적인 시그널이 오지 않은 상태에서 고백하지도 말라고 한다.

 그런데 이건 이미 자책형 모솔들이 하고 있는 일이다. 그들은 여자에게 먼저 다가가지도, 호감 표현을 하지도 않는다. 비싼 선물을 사주지도, 플러팅을 날리지도 않는다. 다만 목적이 다를 뿐이다. 연애 고수들은 여자에게 더 큰 호감을 이끌어 내기 위해 능동적으로 밀당을 구사하는 것이고, 자책형 모솔들은 거절당하고 상처를 받을까 봐 아무것도 못 하고 있는 것일 뿐이다.

  그걸 구분하는 건 쉬운 일이 아니다. 인간의 이성이란 전혀 객관적이지 않다. 인간의 사고회로는 언제나 자기의 입장을 합리화하는 방향으로 돌아간다. 공부를 못하는 학생들은 대개 대한민국의 입시제도와 학벌주의, 공교육 시스템에 비판적이다. 자기가 노력을 안 해서 공부를 못하는 게 아니라 대한민국 입시제도가 잘못되어서 일부러 안 하는 거라고 믿고 싶은 것이다. 백수들은 대개 정권에 대해 비판적이다. 어지간한 시사 평론가 못지않게 정치 현안들을 꿰뚫고 있다. 자기가 무능해서 백수가 된 게 아니라 세상이 잘못된 거라고 합리화하고 싶기 때문이다.

  모솔남들에게도 비슷한 사고회로가 작동한다. 모솔남은 어제 소개팅을 한 여자에게 연락을 하고 싶다. 하지만 숫기도 없고 센스도 부족해서 딱히 뭐라고 보내야 할지 생각이 나지 않는다. 그냥 '출근 잘하셨어요?'라고 보내려는데 어느 유튜브에서 여자들은 이런 뻔한 연락을 지겨워한다고 했던 게 생각난다. 이런 연락을 하면 8시간 동안 내가 보낸 메시지 옆에 노란 숫자가 지워지지 않는 경험을 하게 될 거란다. 차라리 이럴 땐 여자를 좀 안달나게 해줘야 한단다. '이 남자가 나한테 관심이 있긴 있는 거야?' 하는 생각이 들 때쯤 연락을 해줘야 효과가 배가 된단다. 그래서 모솔남은 연락을 하지 않는다.

   그렇게 하면, 정말로 여자의 호감도가 증폭될까? 선톡이라도 올까? 절대로 안 온다. 여자가 약간의 호감을 갖고 있었더라도 금방 사그라들어 버릴 것이다. 그건 가장 남자답지 못하고 가치 없는 남자들이 하는 행동이기 때문이다. 여자들은 너무 진지하고 절박한 남자를 싫어한다. 그런 남자들이 가치가 없다고 여기기 때문이다. 가치가 높은 남자의 곁에는 그 가치를 알아본 여자들이 모이게 마련이다. 물론 그 여자들 모두를 가질 수는 없을 것이다. 일부는 남자의 시큰둥한 태도에 실망해서 떨어져 나갈 것이고, 일부는 다른 가치 있는 남자를 택하기도 할 것이다. 하지만 그는 크게 개의치 않는다. 어차피 여자는 많기 때문이다. 하지만 가치가 낮은 남자들은 다르다. 그들에게는 지금 연락을 주고받고 있는 당신 밀고는 아무런 선택지가 없다. 그에게는 당신이 세상 모두 여자나 마찬가지다. 그래서 절박해진다. 당신의 마음을 얻기 위해 모든 걸 걸게 된다. 고급스러운 식당에 데려가고 비싼 선물을 사주게 된다. 당신이 무례하고 이기적인 행동을 해도 찍소리도 못하게 된다. 그래서 여자들은 너무 절박하고 진지한 남자를 좋아하지 않는다.

하지만 그들이 가장 하급 남자는 아니다. 더 가치가 낮은 남자도 있다. 그건 절박해지지도 못하는 남자들이다. 한 여자에게 올인하는 남자는 매력이 없다. 올인한다는 자체가 다른 선택지가 없다는 증거이기 때문이다. 하지만 그들에게도 최소한의 남자다움은 있다. 누군가에게 자기 마음을 보여주는 건 쉬운 일이 아니다. 번호를 따려다가 거절당하면 무안하고 창피할 것이고, 비싼 선물을 사줬는데 거절당하면 돈이 아까울 것이다. 데이트할 때마다 집 앞까지 에스코트 해줬는데 거절당한다면 그동안 들인 시간과 에너지가 아까울 것이다. 그 모든 것들이 그에게 상처와 좌절감으로 다가오게 될 것이다. 하지만 올인 직진남들은 그걸 감수한다. 그 정도의 여유는 있기 때문이다. 밥 한 번 사주지 못할 정도로 돈이 없고, 차일 게 두려워서 고백도 못 할 정도로 자존감이 낮지는 않기 때문이다.

진짜 가치가 낮은 남자들은 그것조차 못한다. 그 정도의 여유도 없기 때문이다. 그들이 여자에게 돈과 시간을 쓰지 않는 건 그렇게 하지 않고도 여자의 마음을 얻을 자신이 있어서가 아니다. 그렇게 하고도 여자의 마음을 얻지 못할까 봐 전전긍긍하고 있는 것일 뿐이다. 그건 선택지가 없는 올인 직진남들보다도 더 매력 없고 남자답지 못한 행동이다. 오죽 자존감이 낮고 마음의 여유가 없으면 여자에게 거절당할까 봐 자기 마음도 표현하지 못하고 시간만 죽이고 있겠는가?

  속마음은 중요한 게 아니라고, 겉으로 보이는 행동이 중요한 거라고 할 수도 있을 것이다. 물론 그렇다. 여유와 매력을 갖춘 알파남들이나 여자로부터의 거절을 두려워하는 모솔남들이나 하는 행동은 똑같다. 둘 다 여자에게 쉽게 마음을 표현하지 않는다. 다만 그 안에 숨겨진 동기가 다를 뿐이다. 알파남들은 정말로 여자에게 절박하지 않아서 그렇게 하는 거고, 모솔남들은 절박하면서 절박하지 않은 척 숨기는 것뿐이다.

  여자들이 그걸 모를까? 소개팅을 하면 보통 1시간 정도는 식사를 하고 1시간은 카페에 간다. 그동안 여자는 당신의 말과 행동을 면밀히 관찰할 것이다. 2시간을 지질이 같이 행동해 놓고 헤어질 때 '오늘 식사 비용 5만 원 나왔는데 2만 원만 보내주세요. 제가 3만 원 낸 걸로 할게요.'라고 한다고 해서 여자가 우리를 '굳이 밥을 사줘 가면서까지 여자를 만나지 않아도 되는 쿨한 남자'로 봐줄까? 집에 가서 잘 들어가셨냐고 카톡을 보내지 않는다고 해서 '여자들에게 연락이 너무 많이 와서 한 명 한 명 신경 써주지 못하는 알파 메일'로 봐줄까?

  여자들은 바보가 아니다. 20대 초반 여자들은 남자들로부터 많은 대시를 받는다. 그 과정에서 남자들을 구분하는 눈이 자연스럽게 생긴다. 하지만 남자들은 다르다. 한 명의 여자를 만나는 것도 하늘의 별 따기다. 대다수의 평범한 남자들에게는 연애 능력치를 쌓을 충분한 기회가 주어지지 않는다. 한 번도 연애를 해보지 못한 모솔남이라면 더 말할 것도 없다. 여자들은 유튜브로 배운 어설픈 기술 하나에 속아 넘어갈 정도로 어수룩하지 않다. 그 기술을 쓰기도 한참 전에 이미 여자들은 우리에 대한 견적을 다 뽑아놓은 뒤다.

 인정해야 한다. 연애에 관한 한 여자들은 우리 머리 꼭대기 위에서 논다. 그런 그녀들을 속이는 건 쉬운 일이 아니다. 그럴 바에는 차라리 올인 직진남 전략이라도 쓰는 게 낫다. 여자의 앞에서 자기 감정을 너무 쉽게 드러내 보이는 남자를 여자들은 매력적으로 느끼지 않지만 거절당하는 게 두려워서 자기 감정을 표현하지도 못하는 주제에 자기가 여자를 상대로 밀당을 걸고 있다고 착각하는 남자는 그보다도 더 최악이다.

3

## 페미니스트들이 말하지 않는 것들

 먼저 말해두고 싶은 건, 이 글은 모든 페미니스트에 대한 게 아니라는 점이다. 세상에 힘들지 않은 삶은 없다. 모두가 부러워하는 화려한 삶이라 해도 각자만의 고충은 있다. 잘 생기고 예쁜 이들은 주변으로부터 많은 관심과 배려, 애정을 받겠지만 그만큼 질투하는 이들도 많을 것이다. 원치 않는 이들의 애정 공세로 인해 불편을 겪을 수도 있다. 돈이 많은 이들은 원하는 건 뭐든지 가질 수 있겠지만 그만큼 주변에 그의 돈을 노리는 협잡꾼과 아첨꾼, 꽃뱀들이 꼬일 수도 있다. 재산을 둘러싼 갈등으로 가족 간의 사이가 소원해질 수도 있다. 물론 그렇다고 해서 모든 삶이 다 똑같은 건 아니다. 못생긴 것보다는 당연히 잘생긴 게 나을 것이고 빈자로 사는 것보다는 부자로 사는 게 나을 것이다. 그렇지만 그들조차도 완벽하진 않다. 모든 삶은 제 나름대로 힘들다.
 하지만 많은 이들은 그렇게 생각하지 않는다. 자기가 힘든 건 잘 알지만 남이 힘든 건 보지 못한다. 인간은 이기적이기 때문이다. 인간은 누구나 더 편하게 살고 싶어 한다. 돈도 많이 벌고 싶고 인기도 누리고 싶어 한다. 하지만 그걸 위해 노력하려 하진 않는다. 성공하기 위해 공부나 일을 열심히 하는 것도, 사랑받기 위해 다이어트를 하고 외모를 가꾸는 것도 싫어한다. 노력하는 건 힘들고 지루하기 때문이다. 그래서 사람들은 피해 망상에 빠진다. 내가 이룬 건 과대평가하고 남이 이룬 건 폄훼해서 내가 남보다 더 많은 것을 누릴 도덕적 정당성을 획득하려 한다.

그렇기에 타인의 삶에 대한 존중이 필요하다. 내 떡은 작아 보이고 남의 떡은 커 보이는 건 너무나 자연스러운 인간의 본능이다. 그걸 극복하는 건 너무나 어려운 일이다. 어쩌면 평생 노력해도 그 경지에 이르지 못할 수도 있다. 그러니 자기가 누리고 있는 것들에 과도한 죄책감을 가질 필요까진 없다. 하지만 최소한의 존중은 해줄 수 있다. 타인이 정확히 무엇 때문에 얼마나 힘든지까지는 몰라도 된다. 하지만 지극히 평범한 내 삶조차도 어쩌면 누군가에게는 부럽고 축복받은 삶이 아닐지, 모두가 부러워하는 저 화려한 삶에도 그늘이 있지 않을지 생각해 볼 수 있는 마음의 공간을 조금 열어두는 정도는 누구나 할 수 있다. 그 정도로도 충분하다.

남녀 관계도 마찬가지다. 남자도 힘들고 여자도 힘들다.

남자들은 여자보다 평균적으로 돈을 많이 번다. 이건 팩트다. 하지만 이 팩트는 남자와 여자에게 다르게 해석된다. 남자들은 돈을 많이 벌어서 가정을 부양하고 여자들로부터 사랑과 인정을 받기 위해 분투한다. 가끔 연차를 써서 평일 대낮에 분위기 좋은 레스토랑이나 카페에 가보면 여자들밖에 없다. 여행지에도 여자들이 훨씬 많다. 남자들은 그 시간에 돈을 벌어야 하기 때문이다. 그래서 남자의 삶은 고달프다. 여자들보다 야근도 많이 하고 술도 많이 마시고 담배도 많이 피운다. 그래서 여자보다 머리도 많이 빠지고 평균 수명도 짧다. 이건 남자들의 입장이다.

하지만 여자들이 보기엔 다르다. 겉으로 보기엔 양성 평등의 시대가 된 것처럼 보인다. 이제 여자들도 대학에 가고 직장에 다닐 수 있다. 하지만 남녀의 역할에 대한 문화적 편견은 여전히 남아 있다. 남자들처럼 도전하고 노력해서 자기 삶을 개척하기보다 가정에서 아이를 돌보고 남편 내조를 하는 게 진정한 여성의 행복인 것처럼 여겨진다. 그래서 여자들 중에서는 남자들보다 더 뛰어난 능력을 가졌으면서도 자기 자신으로서가 아니라 누군가의 엄마나 아내로서의 역할에 만족하면서 살아가고 있는 이들도 많다.

둘 중에 누가 옳고 누가 틀렸다고 당신은 단언할 수 있는가? 아마 그럴 수 없을 것이다. 당신은 남자이거나 여자이기 때문이다. 세상 누구도 남자인 동시에 여자일 수 없기에, 남자의 삶과 여자의 삶을 둘 다 겪어볼 수 없기에 누가 힘든지 장담할 수도 없다.

  그걸 인정하는 페미니스트라면 그들의 의견에 귀를 기울일 수 있다. 남자의 삶을 온전히 이해해 주는 것까진 바라지 않는다. 나도 여자의 삶을 모르기 때문이다. 남자로서 겪는 고통은 커 보이지만 누리는 혜택은 작아 보이고, 가끔은 나도 여자로 태어났으면 왠지 인생이 더 편하고 즐거웠을 것만 같은 이기적인 생각이 들기 때문이다. 하지만 나는 그걸 인정한다. 정확히는 모르겠지만 여자들의 삶도 뭔가 힘들긴 할 거다. 어쩌면 남자로 살아가는 것 이상으로. 당신들에게 바라는 것도 딱 이 정도다.

  하지만 그걸 못하는 페미니스트들이 너무나 많다. 자기들이 여자로 태어나서 겪는 부당한 대우를 말할 때는 목소리를 높이면서 알게 모르게 누리고 있는 혜택들에 대해서는 침묵한다. 출산과 육아로 인한 경력 단절과 유리 천장, 성범죄 피해에 대해 말할 때는 도전적이고 파이팅 넘치는 걸크러시 여전사가 되지만 데이트 비용을 결제할 때는 어머니 세대의 조신하고 현숙한 여자가 된다. 이에 대해 문제를 제기하면 '사랑하는 여자를 위해 그 정도도 못 해주냐?', '그렇게 쪼잔하고 치사하니까 네가 여자한테 인기가 없는 거다.' 하면서 비아냥댄다.

그건 평등도 아니고 정의도 아니다. 자기의 노력은 부풀리고 남의 노력은 깎아 내려서 정당한 대가를 지불하지 않고 인생을 날로 먹으려 하는 이기심이자 피해망상증일 뿐이다. 앞으로 말하게 될 '페미니스트'란 그런 사람들이다. 당신이 남녀 관계를 서로 빼앗고 뺏기는 갈등 관계가 아니라 더 나은 세상을 만들어가는 동반자 관계로 보고 있다면, 당신이 겪고 있는 차별을 개선하는 것뿐 아니라 당신이 누리고 있는 혜택에 대해 성찰하는 데에도 관심을 갖고 있는 페미니스트라면 미리 양해를 구한다. 그럼 지금부터 페미니스트들이 연애 시장에 끼치고 있는 부정적 영향들에는 어떤 것들이 있는지 알아보자.

첫째, "너희들이 스스로의 힘으로 이룬 건 남자로 태어난 것밖에 없다."

남자는 행동하는 성별이다. 여자에게 다가가서 말을 걸고 자기의 경쟁력과 진심을 증명해야 한다. 그렇게 해서 여자의 승낙을 받아내야 한다. 그럴 용기가 없는 남자에겐 아무 일도 생기지 않는다. 가만히 있는 평범한 남자에게 관심을 가져줄 여자는 없다.

그렇기 때문에 남자에겐 자신감이 필수다. 흔히 만용이나 건방짐보다는 겸손이 미덕으로 여겨지지만 연애에서만큼은 반대다. 자기를 과대평가해야 한다. 여자들이 매력적으로 여길 만한 외모와 성격, 조건을 갖고 있지 않다고 해도 적어도 스스로는 갖고 있다고 생각해야 한다. 세상에 잘난 남자들이 얼마나 많은지, 그중에서 내가 어느 정도의 위치인지, 저 여자가 과거에 잘 나가는 남자들을 얼마나 많이 만나봤을지를 생각하면 감히 여자에게 다가갈 용기를 낼 수가 없다. 만에 하나 용기를 내어 다가가더라도 한 번의 작은 거절에 움츠러들어 다시 일어나지 못하게 된다. '그럼 그렇지. 세상에 잘난 남자가 얼마나 많은데 나 따위를 만나려 하겠어? 괜히 망신당하지 말고 가만히 있는 게 상책이겠다.' 하게 된다. 결국 그는 모태솔로를 벗어나지 못한다.

하지만 소위 '자뻑'에 빠져 있는 남자들은 다르다. 그들은 자기의 가치를 과대평가한다. 거절을 당해도 내가 가치가 없는 게 아니라 네가 보는 눈이 없어서 내 가치를 알아보지 못한 거라고 생각한다. 그러니 두려울 게 없다. 일단 들이댄다. '거절당하더라도 밑져야 본전이다.', '들이대면 1%라도 가능성이 생기지만 들이대지 않으면 1%의 가능성조차 생기지 않는다.' 이들이 많이 하는 말이다.

그러다 보면 가끔씩 얻어걸리는 게 있다. 남녀가 사랑에 빠지는 과정은 순차적이기보다 비약적이고, 분석적이기보다 직관적이다. 외모가 몇 점, 직업이 몇 점, 유머 감각이 몇 점, 피지컬이 몇 점, 하는 식으로 합산을 해서 총점 몇 점이 넘으면 사랑에 빠지는 게 아니다. 그냥 딱 봐서 성적인 끌림을 느끼면 사랑에 빠지고, 아니면 마는 거다. 그러니까 기세가 중요하다. 자신감 있는 태도는 남자의 가치를 평가하는 여자의 센서에 순간적인 오작동을 일으킨다. 실제로는 별 볼 일 없는 남자인데 뭐라도 있는 남자인 것처럼 착각하게 만든다. 그렇기 때문에 남자는 자신감이 있어야 한다. 아무것도 가진 게 없다 해도 자신감이 있으면 연애를 할 수 있지만 모든 걸 가져도 자신감이 없으면 연애를 할 수 없다.

페미니즘의 논리는 이토록 중요한 남자의 자신감에 악영향을 미친다. 대표적인 게 '남수저론'이다. 남자들은 대부분 페미니스트들에게 우호적이지 않다. 페미니스트들이 정확히 뭘 주장하는지는 모르지만 일단 반대하고 본다. 남자에게 사랑받지 못한 열등감으로 똘똘 뭉친 뚱뚱하고 못생긴 여자들. 이게 남자들이 페미니스트하면 떠올리는 이미지다.

이러한 반감을 갖는 가장 큰 이유는 페미니스트들의 '내로남불(내가 하면 로맨스, 남이 하면 불륜)'이다. 페미니스트들이 흔히 외치는 구호 중에 'Girls can do anything.'이 있다.

남자들이 할 수 있는 거라면 여자들도 무엇이든 할 수 있다는 뜻이다. 페미니스트들은 이 구호를 내세우며 경찰이나 소방관, 직업 군인처럼 과거에 남자들의 전유물로 여겨졌던 일들을 여자들도 얼마든 해낼 수 있다고 주장한다. 여자 축구팀도 남자 축구팀과 경기를 해서 이길 수 있다며, 남자 축구팀이 여자 축구팀보다 높은 연봉을 받는 건 성차별이라고 주장한다. 그런데 이토록 당당하고 자신감 넘치던 그녀들이 연약하고 조신한 천생 여자로 변해버리는 순간들이 있다. 그건 권리가 아니라 의무에 대해서 논할 때다. 장교나 부사관 같은 직업 군인을 뽑을 때는 여자도 국방의 의무를 다할 수 있다고 했으면서 막상 2년 동안 사병으로 의무복무를 하라고 하면 여자는 태생적으로 몸이 약해서 못한다고 한다. 정치인이나 대기업 임원의 대다수가 남자인 건 성차별이라 하던 그녀들이 3D 업종 종사자의 대부분이 남자이고 범죄자와 노숙자의 대부분이 남자라는 사실에는 아무런 문제를 제기하지 않는다. 세상사를 바라보는 그녀들의 기준은 지극히 편파적이다. 자기들이 피해를 볼 땐 성차별이라 말하고, 이득을 볼 땐 개인 선택의 문제라고 한다.

  그런데 페미니스트들에게는 이 논리적 모순을 봉합할 수 있는 만능열쇠가 있다. 그건 '남수저론'이다. 돈 많고 잘 나가는 부모 밑에서 태어나 온갖 혜택을 누리는 금수저들처럼 남자들도 남자로 태어났다는 이유 하나만으로 여자들에게 주어지지 않는 기득권을 누리고 있다는 것이다.

 이 '남수저론'을 전제로 하면 세상에 합리화하지 못할 논리가 없다. 여성들은 지금까지 남성들의 폭력과 압제에 일방적으로 당하기만 하면서 살아왔다. 그러니까 지금부터는 여성들이 남성의 위에 군림하며 그들이 독점하던 권력을 누려야 한다. 장교나 부사관, 경찰이나 소방 공무원 같은 안정적인 일자리는 여성에게 개방해야 마땅하다. 하지만 의무복무는 남자들의 몫으로 남겨놓아야 한다. 여태까지 남자들에게 매번 당하기만 하던 불쌍한 여성들을 군대에까지 강제로 보낼 순 없기 때문이다. 남자들은 여자들보다 평균적으로 더 많은 돈을 번다. 국회의원 의석수나 대기업 임원도 남자가 훨씬 많다. 이는 개선해야 할 사회 문제다. 하지만 남자들이 여자들보다 산업재해와 자살, 강력범죄로 인한 사망률이 훨씬 높은 건 아무 문제가 되지 않는다. 남자라는 기득권을 갖고 태어났으면서도 힘들게 살고 있는 건 시스템의 문제가 아니라 개인의 문제기 때문이다. 오죽 못났으면 남수저를 붙고 태어났으면서도 저렇게 지질하게 살겠는가?

 물론 이 주장에 아무 근거가 없는 건 아니다. 대기업 임원, 국회의원, 언론이나 학계의 권위자들은 대부분 남자다. 상위

1%의 잘생기고 돈 많고 잘 노는 남자들은 연애 시장에서 가장 젊고 예쁜 여자들보다도 높은 지위를 누린다. 도널드 트럼프나 레오나르도 디카프리오 같은 알파 메일들은 40대나 50대가 되어서도 20대 쭉쭉빵빵한 미녀들을 얼마든지 거느릴 수 있다.

하지만 대다수 남자들은 그렇지 않다. 그들은 대기업 임원도 아니고 국회의원도 아니다. 그들에게는 돈도, 권력도, 성적인 매력도 없다. 그들이 할 줄 아는 거라곤 헌신과 정성을 바치는 것밖에 없다. 데이트를 할 때는 당연히 비싼 레스토랑에 데려가야 하고, 여자가 내성적이고 사회성이 떨어지더라도 어떻게든 재밌고 편안한 분위기를 만들어줘야 하고, 당연히 먼저 용기를 내서 애정을 표현하고 고백을 해야 하고, 기념일에는 당연히 비싼 선물을 해줘야 하고, 결혼을 할 때는 당연히 브라이덜 샤워와 비싼 예물을 해줘야 한다는 게 그들의 연애 상식이다. 이 모든 과정을 위해 그들은 돈을 모으고 일을 한다. 여자들도 남자들과 똑같이 사회생활을 하는 시대가 되었지만, 심지어 군대를 가지 않는 여자들이 남자들보다 사회생활을 일찍 시작하지만 결혼 비용을 더 많이 분담하는 건 언제나 남자다. 여자들은 해외여행을 가고, 명품을 사고, 취미를 즐기는 데 돈을 쓰지만 남자는 여자를 위해서 돈을 쓴다. 그들의 삶은 결코 즐겁지 않다.

페미니스트들은 그런 남자들의 삶을 깎아내린다. 그들이 누리고 있는 하찮은 삶마저도 그들의 재능과 노력으로 얻어 낸 게 아니라 남자라는 타고난 성별 때문에 자동으로 주어진 것이라고 후려친다. 만약 그들이 여자로 태어났더라면 이 보잘것없는 지위마저 누리지 못했을 거라고, 그러니 불쌍한 여자들에게 그들에게 주어진 기득권을 내놓으라고 소리를 높인다.

이런 말들은 모솔남들의 자존감에 악영향을 미친다. 모솔남들로 하여금 자기의 재능과 노력, 그것으로 일구어낸 지금의 삶의 가치를 의심하게 만든다. 스스로를 무능하고 가치없는 남자로 느끼게 만든다. 스스로에 대한 믿음을 잃은 그들은 결국 아무것도 할 수 없다.

둘째, "동의 없는 성적 접근은 강간과 같다."

"여자도 원하는 줄 알았다."

성범죄자들은 재판정에서 흔히 이런 변명을 한다. 모르는 남자가 주는 술을 마시거나, 노출이 심한 옷을 입는 건 성관계에 동의한 것과 마찬가지 아니냐며 자신들의 범죄행위를 정당화한다. 피해자인 척하며 남자를 등쳐먹으려고 하는 꽃뱀을 알아보지 못한 것 말고는 자기에겐 아무런 잘못이 없다고 한다.

하지만 그건 잘못된 생각이다. 남자가 그렇듯 여자에게도 자유의지가 있다. 노출이 심한 옷을 입는 것도, 처음 만난 남자와 술을 마시는 것도 모두 여성의 자유다. 이런 행동을 했다고 해서 여자가 꼭 남자와 성관계를 해줘야 하는 건 결코 아니다. 남자와 단둘이 모텔에 들어가서 샤워까지 마쳤다고 하더라도 여자가 성관계를 원치 않는다고 한다면 남자는 그녀에게 성관계를 강요하지 말아야 한다.

하지만 성범죄자들은 그렇게 생각하지 않는다. 정말로 싫어서 여자가 거절을 하는 게 아니라 쉬운 여자처럼 보일까 봐 튕기는 거라고 생각한다. '열 번 찍어 안 넘어가는 나무 없다.', '용기 있는 자가 미인을 얻는다.' 같은 옛말처럼 계속 접근하다 보면 여자도 마음을 열게 될 거라고 생각한다.

"No means no"

그래서 페미니스트들은 이 슬로건을 내세운다. 누구나 쉽게 해석할 수 있는 간단한 문장이다. 여자의 거절은 정말로 거절일 뿐, 이외에는 어떠한 의미도 없다는 뜻이다. 남자들은 때로 자기를 원하지 않는 여자에게 지속적으로 연락을 하고 선물을 주면서 구애를 한다. 물론 악의를 갖고 하는 행동은 아닐 것이다. 그 나름대로는 로맨스나 순애보일지 모른다. 하지만 여성의 입장은 그렇지 않다. 불편과 곤혹스러움을 겪을 수도 있다. 모진 말로 상처를 주고 싶지는 않아서 좋은 말로 돌려 말했더니 이해하지 못하고 계속 다가오는 남자들로 인해 불편을 겪을 수도 있고, 심각한 경우에는 스토킹이나 데이트 폭력의 피해자가 될 수도 있다. 그 상대방이 직장 상사나 거래처 직원처럼 이해관계가 얽혀 있는 사람이라면 더 난처할 것이다. 그래서 페미니스트들은 "No means no"를 외친다. 성적 호기심을 느끼는 상대에게라면 자기들이 먼저 나서서 Yes를 할 테니 여자의 No를 남자들 멋대로 Yes로 해석하지 말라는 말이다.

> "Cheer up baby, Cheer up baby, 좀 더 힘을 내.
> 여자가 쉽게 맘을 주면 안 돼. 그래야 네가 날 더 좋아하게 될 걸.
> 태연하게 연기할래. 아무렇지 않게. 내가 널 좋아하는 맘 모르게.
> Just get it together, and then baby cheer up!"
>
> - 트와이스, *Cheer up*

그런데 문제가 있다. 때로는 여자의 'No'가 'Yes'일 때도 있다는 것이다. 남자들 중 최악이 잠자리를 갖고 나서 "좋았어?"라고 묻는 남자라는 우스갯소리가 있다. 다음으로 최악인 남자는 스킨십을 하기 전에 "키스해도 돼?", "섹스해도 돼?"라고 묻는 남자라고 한다.

   이상한 일이다. 페미니스트들은 남자들에게 여자의 자유 의지를 존중하라고 했다. 여자의 'No'를 함부로 'Yes'로 해석하지 말라고 했다. 그런 의미에서 본다면 여자에게 "섹스해도 돼?"라고 묻는 행위는 전혀 잘못된 게 아니다. 섹스를 할 마음의 준비가 되었는지, 혹여 나 혼자만의 쾌락을 위해 여성의 성적 자기 결정권을 침해하고 있는 건 아닌지 여자에게 묻는 행위다. 상대방의 쾌락을 내 쾌락만큼이나 중요하게 생각하는 남자, 여자를 남자와 동등한 인격체로 존중할 줄 아는 남자들만이 할 수 있는 행동이다. 그들은 젠더 감수성이 풍부한 남자로 페미니스트들에게 박수 갈채를 받아 마땅한 남자들이다.

   그런데 왜 여자들은 섹스를 하기 전에 "섹스해도 돼?"라고 묻는 남자, 끝나고 나서 "좋았어?"라고 묻는 남자를 싫어할까? 사실 여자들은 자유롭고 능동적인 존재가 되고 싶어 하지 않기 때문이다. 종족 번식이라는 인류 공통의 과업을 이루기 위해 여자는 남자보다 많은 것을 투자한다. 그렇기 때문에 더 신중하다. 번식을 위해 투자한 그녀들의 시간과 노력이 물거품이 되지 않기를 바란다. 그래서 여자들은 자기들을 귀하게 대해줄 남자를 원한다.

   그래서 여자들은 때로 감정을 숨긴다. 세상 모든 것들은 수요와 공급의 법칙에 의해 굴러간다. 수요에 비해 공급이 적은 것, 즉 희소한 것들은 자연히 값어치가 올라간다. 공기나 물, 모래에 비해 다이아몬드나 황금이 귀한 것은 그 때문이다. 마음도 마찬가지다. 많이 표현할수록 흔해지고, 값싸진다. 여자들은 그걸 원치 않는다. 그래서 수동적으로 행동한다. 남자한테 카톡이 온 걸 봤지만 일부러 늦게 답장한다. 주말에 달리 할 일이 없지만 바쁜 척한다. 남자에게 호감이 있더라도 먼저 표현하지 않고 남자가 먼저 다가오길 기다린다. 남자가 자기 마음을 궁금해하길, 자기에 대해 한 번 더 생각하길, 그렇게 함으로써 더 귀한 존재가 되길 원한다. 페미니스트들은 여자의 No는 No일 뿐이라고 주장하지만 그렇지 않을 때도 있다.

남자들은 어느 장단에 맞춰야 하는가? 페미니스트들의 말대로 정말 여자의 No를 No로만 받아들여야 하는가? 여자들이 먼저 나서서 Yes라고 말할 때까지 기다려야 하나? 그건 너무나 무모한 방법이다. 여자들 중에서는 남자에게 먼저 관심을 표해본 적이 한 번도 없는 여자들도 많다. 성욕이 남달리 강한 여자거나, 남자가 너무 소극적이라서 답답해 죽겠는 경우가 아니고서는 먼저 스킨십을 시도하지도 않는다. 그녀들이 먼저 다가와 주길 기다리다가는 평생 여자 손 한 번 못 잡아보고 늙어 죽을 수도 있다. 하지만 그렇다고 열 번 찍어

안 넘어가는 나무 없다는 식으로 무작정 고백 공격을 들이받아 버릴 수도 없다. 그건 여성의 성적 자유를 무시하는 강간범들이나 하는 짓이니 말이다.

　모솔남들에게 이는 특히 심각한 문제다. '여자의 No를 어떻게 받아들일 것인가? 진짜 No인가? 튕기는 것인가?'라는 질문의 답은 간단하다. 그때그때 다르다. 그러니 눈치껏 행동하면 된다. 여자의 말투와 표정, 옷차림, 미묘한 제스처를 통해 여자의 의중을 파악하고, 거기에 맞게 행동하면 된다.

　하지만 그러려면 경험이 필요하다. 연락처 차단도 당해보고, 단톡방에서 조리돌림도 당해보면서 여자가 내숭을 떨 때와 정말로 거절의 의사를 표할 때 어떻게 다른지 배워야 한다. 그래야 다음번에는 실수하지 않을 수 있다. 하지만 모솔남들에게는 경험이 없다. 그런 그들이 여자의 모호한 표현 속에 숨겨진 진심을 제대로 읽어낼 수 있을 리가 만무하다.

　더욱 큰 문제는 이들이 자책형 모솔이라는 것이다. 돌격형 모솔들은 상처받는 것도, 남에게 상처를 주는 것도 두려워하지 않는다. 여자를 안고 싶다는 자기의 욕구에만 집중한다. 그래서 계속 도전한다. 그러다 보면 천천히나마 데이터가 쌓인다. 거절을 당하더라도 최소한 '이렇게 하면 안 되는구나.' 하는 거라도 알게 된다. 전구를 만드는 데 천 번 실패한 게 아니라, 전구를 못 만드는 천 가지 방법을 발견한 거라던 발명왕 에디슨의 명언처럼 말이다.

하지만 자책형 모솔들은 너무나 착하고 여린 심성의 소유자들이다. 그들은 상처를 받는 것도, 남에게 상처를 주는 것도 원치 않는다. 그래서 아무것도 못 한다. 그러니 아무런 데이터가 쌓이지 않는다. 시간이 지나고 나이를 먹어도 그들은 여자의 No에 숨겨진 진짜 의미를 읽어내지 못한다. 결국 그들은 모태솔로를 탈출하지 못한다.

**셋째, "경력 단절과 유리 천장은 사회 구조의 문제지만 데이트와 결혼 비용은 개인의 선택이다."**

페미니스트들의 논리는 때로 자책형 모솔들에게 위로가 된다. 자책형 모솔들은 여리고 순수한 기질을 타고났다. 남에게 상처를 주는 것도, 자기가 상처를 받는 것도 원치 않는다. 그래서 그들은 여자에게 다가가지 못한다. 거절당할까 봐, 괜한 욕심을 냈다가 친구로도 남지 못하게 될까 봐 여자의 곁을 똥 마려운 강아지처럼 맴돌기만 한다. 전통적 연애관에 따르면 그들은 패배자들이다. 스스로의 가치에 확신을 갖지도, 여자 앞에서 당당하고 남자다운 모습을 보여주지도 못하는 하급 남자들이다. 하지만 페미니즘의 관점에서는 아니다. '내 마음이 혹시 여자에게 부담이 되지 않을까?', '나같이 보잘것없는 남자를 여자가 거들떠보기나 할까?' 하며 걱정하는 그들이야말로 여자를 동등한 인격체로 존중할 줄 아는, 그녀들의 말을 귀담아들을 줄 아는 좋은 남자다. 그래서 자책형 모솔들은 때로 페미니즘에 빠진다.

그런데 자책형 모솔들 중에서 페미니즘을 적대시하는 이들도 있다. 그건 페미니스트들이 남녀 관계에 대해 보여주는 이중적인 잣대 때문이다. 대기업 임원의 대다수는 남자다. 군 장성의 대다수도 남자다. 국회의원 의석수도 남자 쪽이 훨씬 많다. 이를 근거로 페미니스트들은 대한민국이 남성 중심 사회라고 말한다. 남성들이 부당하게 점유하고 있는 기득권을 빼앗아서 여자들에게 나누어주어야 더 공정한 사회가 된다고 말한다. 여기까진 맞는 말이다. 남자들은 정치, 경제, 사회, 국방 등 사회의 주요 분야에 훨씬 많이 진출해 있다. 여자들 중에서는 남자들보다 더 뛰어난 재능을 타고났는데도 여자라는 이유로 그 가능성을 펼치지 못하고 있는 이들도 많다.

하지만 모든 영역에서 그런 건 아니다. 여자가 훨씬 쉽고 유리한 분야도 있다. 바로 사랑의 영역이다. 남자가 여자를 원하는 만큼 여자는 남자를 원하지 않는다. 그 격차를 메우기 위해 남자는 여자에게 돈과 시간, 에너지를 쓴다. 이 사실을 잘 이용한다면 여자는 남자보다 훨씬 쉽고 즐거운 삶을 살 수 있다. 남녀가 처음 만나 데이트를 할 때 밥값은 보통 남자가 낸다. 여기에는 보통 5만 원 정도가 들어간다. 그리고 여자는 디저트를 산다. 커피 2잔을 사면 1만 원 정도가 들어간다. 여자가 연상이더라도, 더 돈을 잘 벌더라도 이 규칙은 변하지 않는다. 물론 연애를 시작하고 관계가 깊어질수록 여자도 돈을 쓴다. 장기 연애로 갈수록 데이트 비용은 50:50에 수렴하게 된다. 하지만 이건 어디까지나 여자의 선의에 달린 것이지 의무는 아니다. 남자가 돈을 내는 건 당연한 것이고, 여자는 어쩌다 한 번씩만 내도 개념녀라는 칭찬을 들을 수 있다. 결혼을 할 때도 마찬가지다. 서울 집값이 천정부지로 치솟으면서 예전처럼 남자에게 집을 해오길 요구하는 풍토는 점점 사라지고 있지만 여전히 남자는 여자보다 큰 경제적 부담을 진다. 여자들은 당연히 남자가 자기보다 돈을 많이 벌길, 그리고 많이 모았길 기대한다. 그 기대를 충족시키지 못한 남자는 애초에 결혼 상대로 고려의 대상조차 되지 못한다. 한편 여자들은 결혼 비용에 대한 부담이 훨씬 적다. 밥값도 남자가 내고, 기념일 선물도 남자가 사주고, 놀러 갈 때 기름값도 남자가 내는데 결혼 비용도 남자가 더 많이 낸다. 대학 진학률과 공무원 시험 합격률은 여자가 남자를 앞지른 지 오래지만 돈을 내는 건 여전히 남자의 몫으로 남아 있다.

돈뿐만이 아니다. 남자는 여자를 위해 더 많은 정서적, 물리적 에너지를 투자한다. 데이트를 할 때 남자가 차를 가져와서 여자를 에스코트 해주는 건 당연하게 여기지만 여자가 남자를 바래다주는 일은 없다. 남자는 여자가 힘들 때 정서적으로 기댈 수 있는 버팀목이 되어주어야 하지만 남자가 힘들 때는 여자에게 그런 걸 기대할 수 없다. 남자는 여자가 힘들 때 지켜주려 하지만 여자는 남자가 힘들어할 때 그의 곁에 머물지 않는다.

하지만 페미니스트들은 이에 대해서는 아무런 문제제기를 하지 않는다. 여성이 남성만큼 사회적 성취를 이루지 못하고 있는 것에 대해서는 성차별이라며 목소리를 높이던 페미니스트들이 정작 연애나 결혼 생활에서 여자들이 저지르고 있는 이기적이고 미성숙한 행동들에 대해서는 모른 척 입을 닫는다. 극소수의 돈 많고 잘생기고 키 크고 몸 좋고 잘나가는 알파 메일들을 사례로 들며, 괜찮은 남자들은 여자들이 알아서 떠받들어준다고, 모든 건 그에 미치지 못하는 우리 남자들의 문제라고 한다. 자기들이 필요할 땐 사회 탓을 하더니, 불리할 땐 모든 걸 개인의 문제로 돌린다.

남자들은 이에 분개한다. 그래서 한국 여자들과의 연애와 결혼을 점차 보이콧하기 시작했다. 대표적인 게 설거지론이다. 설거지론은 30대 한국 여자와의 결혼은 남이 먹다 남긴 음식 찌꺼기를 설거지해주는 것과 같다는 이론이다. 20대는 여자들의 전성기다. 남자들은 어리고 예쁜 여자를 좋아하기 때문에 여자들은 미모와 젊음이 정점을 찍는 20대 초반에 많은 남자들의 대시를 받는다. 키 크고 몸 좋은 남자, 돈 잘 벌고 잘 사는 남자, 재미있고 잘 노는 남자 다 만나고 놀아본다. 그러면서도 만족하지 못한다. 남자들은 그녀를 사랑한 게 아니라 그녀의 젊음을 사랑한 것인데 여자들은 그걸 모른다. 자기가 185cm 근육헬창 고소득 전문직 존잘남의 진심 어린 사랑을 받을 수 있을 정도로 특별한 여자라고 믿는다. 빛나는 20대가 영원할 거라 믿으며 결혼도 하지 않고 돈도 모으지 않으며 신나게 논다. 그러다 30대가 된다. 점점 자기를 찾는 남자들이 줄어들기 시작한다. 슬슬 주변 친구들이 시집을 가는 걸 보며 위기의식을 느끼기 시작한다. 모아놓은 돈도, 쌓아놓은 커리어도 없이 어떻게 살아가야 할지 앞길이 막막하다. 이때쯤 예전 같아서는 눈길도 주지 않던 평범한 남자들이 눈에 들어오기 시작한다. 자기들이 잘생기고 잘 노는 알파남들과 신나게 놀아날 때 열심히 공부하고, 일해서 안정적인 커리어와 자산을 축적한 남자들. 그들에게 기생하기로 결심한다. 물론 눈에 차지 않을 것이다. 이미 세상의 온갖 즐거움을 다 누려보았는데 이런 평범하고 재미없는 남자들이 눈에 들어올 리가 없다. 하지만 잠깐이면 된다. 결혼할 때까지만 이 남자를 사랑하는 척하면 된다. 공부하고 일하느라 연애도 제대로 해보지 못한 어리숙한 남자 한 명 속이는 건 일도 아니다. 그때까지만 참으면 남자가 지금까지 모아온 자산도, 앞으로 벌 돈도 다 내 것으로 만들 수 있다.

> "니가 지금까지 쌓아온 재산과 학벌, 지위, 남은 생 전부를 바쳐서 얻은 여자는 가장 찬란하고 빛날 때 공짜였다!"
>
> - 디시인사이드 주식 갤러리에 올라온 어느 네티즌의 글

풍풍남은 그렇게 탄생한다.

하지만 이런 생각은 오히려 모솔남들의 연애를 더 어렵게 만든다. 경제학에는 용의자의 딜레마라는 개념이 있다. 개인의 입장에서는 합리적인 선택이 사회 전체에는 최악의 결과를 가져오게 되는 상황을 의미한다. 이런 상황을 가정해 보자. 용의자 A와 B는 범행을 저질렀다는 의심을 받고 있다. 하지만 명확한 증거가 없어서 경찰은 그들을 구속하지 못하고 있다. 이때, 경찰이 A를 유혹한다. "이봐, 범죄는 B가 저질렀는데 같은 장소에 있었다는 이유로 너까지 잡혀 있는 건 너무 억울하지 않아? B가 범죄를 저질렀다는 증거를 가져오

면 너는 풀어줄게." A는 갈등한다. 동료인 B와의 의리를 지킬지, 아니면 혼자 살아남을지. 결국 A는 유혹에 굴복해서 B를 밀고하고 만다. 하지만 상황은 A의 생각대로 흘러가지 않는다. 경찰이 A에게만 은밀한 제안을 한 게 아니기 때문이다. B에게도 같은 제안을 했고, B 역시 넘어가 버렸다. A를 배신하고 A가 범죄를 저질렀다며 밀고했다. 결국 두 사람 모두 감방에 가게 된다. 여기서 A와 B는 죄를 사면받는 대가로 동료를 밀고했다. 이는 각자에게 최선의 결과를 가져다줄 수 있는 합리적 선택이었다. 하지만 서로가 서로를 배신하면서 양쪽 모두에게 최악의 결과를 가져오게 되었다.

|  |  | 용의자 A ||
|  |  | 자백 | 침묵 |
|---|---|---|---|
| 용의자 B | 자백 | 둘 다 구속 | A만 구속<br>B는 석방 |
|  | 침묵 | B만 구속<br>A는 석방 | 둘 다 석방 |

용의자의 딜레마

용의자의 딜레마는 많은 사회 현상에 적용된다. 교통 체증이 심한 명절 귀성길에 차선을 이리저리 바꾸면서 얌체 운전을 하면 운전자는 이득을 볼 수 있다. 다른 차들이 먼저 빠져 나갈 때까지 기다리지 않고 병목 구간을 손쉽게 통과할 수 있다. 하지만 모든 운전자가 얌체 운전을 하기 시작하면 교통 체증은 더욱 심해진다. 애초에 차선을 바꾸지 않고 기다리는 것보다도 못한 결과를 낳게 된다. 개인의 효용을 극대화하기 위한 선택이 사회 전체에는 해악을 끼치게 되는 것이다. 학교 폭력도 마찬가지다. 가해자인 일진들은 피해자들보다 대개 덩치가 크고 호전적이다. 그래서 피해자들은 일진들에게 돈을 뺏기고, 얻어맞고, 모욕을 당한다. 하지만 일진은 소수다. 은가누나 브록 레스너 같은 인간 병기가 아닌 이상 두세 명이 힘을 합치면 얼마든지 제압할 수 있다. 하지만 그들은 그렇게 하지 못한다. 내가 일진에게 대들었을 때 다른 피해자 2, 3이 호응해주지 않으면 나 혼자서만 일진에게 두들겨 맞게 되기 때문이다. 그래서 피해자들은 일진에게 복종하는 합리적 선택을 한다. 결국 피해자들은 일진의 지배에서 벗어나지 못한다.

  연애도 마찬가지다. 남자들은 여자에게 잘 보이기 위해 많은 노력을 한다. 데이트 비용도 내고, 기념일에는 비싼 선물도 사주고, 결혼할 때도 더 많은 비용을 부담한다. 돈만 쓰는 게 아니다. 시간과 체력, 감정 에너지도 쏟아붓는다. 여자들은 자기에게 무한한 관용과 이해를 베풀어줄 수 있는 아빠 같은 남자를 만나고 싶다고 당당하게 이야기하지만 남자가 엄마 같은 여자를 만나고 싶다고 하면 3초 만에 도망쳐 버린다. 이에 대해 많은 남자들은 불만을 갖고 있다. "한국 여자들은 공주 대접받는 것에만 익숙하지 남자에게 무언가를 베풀 준비는 전혀 되어 있지 않다.", "예쁘고 어리면서 순종적이기까지 한 외국인 여자와 국제 결혼을 해야 한다." 이런 주장들을 한다.

그렇다면 어떻게 하면 될까? 데이트 비용도, 결혼 비용도 반반씩 내고, 남자가 여자를 한 번 에스코트 해줬으면 다음 번에는 여자가 바래다주는 세상을 만들려면 어떻게 하면 될까? 해결책은 간단하다. 안 하면 된다. 세상 누구도 당신 관자놀이에 권총을 들이밀며 여자에게 돈을 쓰지 않으면 죽여 버리겠다고 협박하지 않았다. 모든 건 당신의 선택이다. 그러니 얼마든지 바꿀 수 있다. 만약 모든 남자들이 데이트 비용을 내길 거부한다면 여자들은 어쩔 수 없이 데이트 비용을 내지 않는 남자들 중에서 선택을 하는 수밖에 없다. 세상을 바꾸는 건 생각보다 쉽다.

하지만 당신은 그렇게 하지 못할 것이다. 다른 어떤 남자도 감히 그렇게 하지 못할 것이다. 남자는 여자를 원하기 때문이다. 내가 여자들에게 돈을 쓰지 않겠다고 선언했을 때 모든 남자들이 이에 응한다면 남자들이 꿈꾸던 반반 데이트, 반반 결혼을 할 수 있게 되겠지만 다른 남자들이 그렇게 해줄 리가 없다. 모두가 데이트 비용을 내길 거부할 때 나 혼자서만 데이트 비용을 내고 결혼할 때 서울에 집을 해온다면 여자들은 스윗하고 매너 있는 남자라며 나를 찬양하게 될 것이다. 그러면 예쁘고 어리고 쭉쭉빵빵한 여자를 만날 기회가 더 많아질 것이다. 그걸 마다할 남자는 없다. 그렇기 때문에 남자들은 '반반 데이트 운동'에 동참하지 않을 것이다. 결국 당신 혼자 남게 될 것이다. 사랑하는 여자를 위해 돈 한 푼 쓰는 것도 아까워하는 지질한 여성혐오주의자로 낙인찍혀서 평생 연애도 결혼도 하지 못하게 될 것이다. 당신은 그걸 원치 않을 것이다. 결국 당신도, 다른 남자들도 나서지 않는다. 남녀가 똑같이 사회생활을 하는 세상이 되었는데도, 심지어 여자는 군대를 다녀오지 않기 때문에 더 일찍 사회생활을 시작하고 돈을 모을 수 있는 데도 남자가 여자를 위해 더 많은 돈을 써야 하는 건 이 때문이다.

|  |  | 남자 A ||
|  |  | 남자가 지불 | 더치페이 |
| --- | --- | --- | --- |
| 남자 B | 남자가 지불 | 남자가 돈을 내는 문화 | B가 여자들의 인기 독차지 |
|  | 더치페이 | A가 여자들의 인기 독차지 | 더치페이 문화 정책 |

더치페이의 딜레마

모솔남들이 성 평등주의에 과몰입하면 안 되는 이유는 이것이다. 인터넷에서는 퐁퐁남이 어쩌고, 국제 결혼이 어쩌고 하지만 그런 소리를 여자 앞에서 하는 남자는 단 한 명도 없다. 당신보다 키 크고 잘생기고 연애 경험 많은 다른 남자들도 모두 여자를 위해 분위기 좋은 레스토랑을 예약하고, 비싼 선물을 사주고, 로맨틱한 이벤트를 해주고 있다. 그러니 나서지 마라. 잘 모르겠으면 그냥 남들 하는 대로 해라. 당신 혼자 나섰다가는 당신만 바보 된다.

 결국 모솔남들에게 진실을 말해주는 사람은 아무도 없다. 여자들은 착한 남자, 티키타카가 잘 되는 남자, 존경할 수 있는 남자가 좋다고 말한다. 하지만 현실은 그렇지 않다. 여자에게 막말을 하고 상처를 주는 남자, 가스라이팅을 잘 하는 남자가 연애를 잘 하는 걸 훨씬 자주 보게 된다. 그런 모습을 보면 나도 나쁜 남자가 되어야 하나, 하는 생각이 든다.

 이런 생각을 할 때쯤 유튜브 알고리즘에 픽업 아티스트라는 사람들이 뜨기 시작한다. 여자들이 말해주지 않는 여자들의 진짜 속마음을 알려주겠단다. 하지만 막상 몇백만 원을 내고 그들의 강의를 들어보면 별 내용이 없다는 걸 알게 된다. 정작 그들 자신은 그렇게 여자를 잘 유혹할 수 있는지조차도 의심스럽다.

그러다 페미니즘이라는 걸 알게 된다. 남자가 여자에게 다가가야 한다는 생각 자체가 잘못된 거란다. 남자가 여자에게 관심과 애정을 표하는 만큼 여자도 호감 있는 남자에게는 능동적으로 다가갈 수 있다고 한다. 하지만 현실은 또 다르다. 주체적, 독립적, 능동적인 여성상을 외치던 그녀들조차도 막상 자기가 좋아하는 남자 앞에서는 요조숙녀가 된다. 먼저 말하지 않아도 남자가 센스 있게 자기가 원하는 걸 눈치채주길, 남자답게 리드해주길, 자기 삶을 대신 책임져주길 바란다.

그런 걸 보면 결국에는 그냥 스펙의 문제인가 싶다. 잘생기고 돈 많으면 다 해결되는 일인가 싶다. 그런데 주변을 둘러보면 꼭 그렇지도 않다. 주변 친구들을 보면 다들 나와 별반 다르지 않은 배 나오고 얼굴에 잔주름이 진 아저씨들이다. 하지만 다들 제 짝 만나서 연애하고 결혼하고 아이 낳고 잘 산다.

도대체 진실은 무엇일까? 왜 나만 안되는 걸까? 20대 초반에 168cm 쭉쭉빵빵 레이싱 모델 같은 여자를 원하는 것도 아닌데, 그냥 딱 나처럼 평범한 여자를 만나서 같이 늙어가고 싶은 것뿐인데 그게 그렇게까지 과한 욕심인 걸까?

## 4장

## 모솔 탈출, 지금 당장 무엇부터 할 것인가?

모 솔 학 개 론
Mosology

결국 모든 일은 확률 × 횟수다. 확률을 높이거나 횟수를 늘리면 무엇이든 해결된다. 축구를 할 때 골을 많이 넣으려면 어떻게 해야 할까? 가장 좋은 건 골대 구석을 노리는 정확하고 강력한 슈팅으로 골을 넣을 확률을 높이는 것이다. 그게 안 된다면, 골이 들어갈 때까지 무작정 슈팅을 때리기라도 해야 한다. 그러다 보면 하나쯤은 들어간다. 영업 실적을 늘리려면 어떻게 해야 할까? 간결하면서도 정확한 정보전달과 설득력 있는 스피치로 고객을 설득할 확률을 높여야 할 것이다. 하지만 그게 안 된다면, 여러 고객을 만나기 위해 발바닥에 땀 나도록 뛰어다니기라도 해야 한다.

 연애도 마찬가지다. 여자들은 잘생기고 키 크고 돈 많은 알파 메일을 원한다. 그런 남자라면 높은 확률로 여자를 유혹할 수 있을 것이다. 하지만 모두가 그런 남자가 될 수는 없다. 당신이 모솔이라면 더욱 그럴 것이다. 그러면 횟수라도 늘려야 한다. 친구들을 만날 때마다 요즘 외롭다, 소개팅을 해달라, 하면서 부탁을 해라. 와인 파티나 로테이션 소개팅도 나가보고, 나이트클럽에도 가봐라. 길을 걷다 마음에 드는 여자가 있으면 헌팅도 해봐라. 동호회도 나가보고 교회도 다녀봐라. 어떻게든 여자와의 접점을 늘려라. 그러다 보면 한번쯤은 기적이 일어난다. 기억하라. 1%짜리 제비라도 100번을 뽑으면 1번은 나온다는 사실을.

이 글에서도 확률과 횟수로 나누어 솔루션을 제시할 것이다. 확률은 여자들에게 조금이나마 더 매력적인 남자가 될 수 있는 사소한 방법들이고, 횟수는 좋은 여자를 만나기에 적합한 방법들이다.

4장

1

# 존잘남도, 전문직도 아닌 우리, 사랑받을 수 있을까?

'연애 못 하는 남자들은 자기한테 돈을 쓰지 않고 여자한테만 돈을 쓴다. 그래 놓고 여자들이 자기를 좋아해 주지 않는다고 억울해한다.'

언젠가 이런 이야기를 들었다. 뒤통수를 맞은 기분이었다. 나 역시 연애를 하기 위해 많은 노력을 했다. 300만 원을 내고 결혼 정보 회사에 가입도 해봤고, 로테이션 소개팅에도 나가봤고, 나이트도 가보고, 소개팅 어플도 해봤다. 소개팅을 나가거나 모임에서 관심 있는 여자에게 말을 걸어본 경험은 셀 수조차 없이 많다.
하지만 결과는 처참했다. 아무리 근사한 레스토랑에 데려가서 맛있는 식사를 대접하고, 데이트를 마치고 차로 에스코트를 해주고, 다음 날 아침에 잘 들어가셨냐고 문자를 보내보아도 여자로부터 돌아오는 건 "현민 씨는 너무 좋은 사람이지만"으로 시작해서 "좋은 사람 만나시길 바랄게요!"로 끝나는 상투적인 거절 멘트뿐이었다.
계속되는 거절과 상처들에 결국 나는 마음의 문을 닫아버렸다. 여자들은 진실한 마음을 알아채지 못하는 경우가 많아서, 너무 잘해주기만 하면 가볍게 여기기도 한다. 피 말리고 속상하게 만들어야 그녀들의 마음을 얻을 수 있다, 하는 냉소적인 생각들 뒤에 숨어 사랑을 쟁취하기 위해 노력하지 않는 자신을 합리화했다. 마치 울타리를 넘어서 포도를 따먹을 용기가 나지 않아서 "저 담장 너머의 포도는 신 포도일 거야!" 해버린 이솝 우화 속 여우처럼 말이다.

그런데 막상 자기 자신을 위해서는 어느 정도의 노력을 했는지 돌아보니 생각나는 게 없었다. 결혼 정보 회사에 300만 원을 낼 땐 별로 망설이지 않으면서 3만 원 주고 디자이너 미용실에 가서 헤어 세팅을 받고 13만 원짜리 옷을 살 때는 돈이 아깝다며 망설이던 모습이 떠오를 뿐이었다. 어쩌면 나에게 부족했던 건 여자들에게 바쳤던 호의와 매너가 아니라 나 자신에 대한 투자였을지 모른다는 생각이 들었다.

당신은 어떠한가? 더 매력적인 남자, 더 좋은 남자가 되기 위해 노력하고 있는가? 여자를 위해서는 수십만 원짜리 식사, 수백만 원짜리 명품 백도 아까워하지 않으면서 자기 자신의 가치를 높이기 위해서는 아무런 노력도 하지 않고 있는 건 아닌가? 그래놓고 여자들이 자기의 진실한 마음을 몰라준다며 투덜대기만 하고 있는 건 아닌가?

## 1

## 못생겨도 되지만, 더러우면 안 된다

여자: 오빠! 나 오늘 뭐 달라진 거 없어?

남자: 글쎄…? 오늘따라 더 사랑스러운 건가?

여자: 네일 바뀌었잖아!! 귀걸이도 평소에 잘 안 하고 다니던 걸로 하고 왔고, 향수도 바꿨는데 어떻게 하나도 알아보지 못할 수가 있어? 오빠는 나한테 관심이 있긴 있는 거야? 나 사랑하긴 해?

이런 대화 많이 들어보았을 것이다. 이 글의 독자인 모태솔로 남성 여러분께서는 어쩌면 들어보지 못했을 수도 있겠지만 크게 걱정할 필요는 없다. 실은 나도 못 들어봤기 때문이다.

어쨌거나 이걸 통해서 알 수 있는 건, 여자들은 작은 것에 신경을 쓴다는 것이다. 남자들이 여자의 외모를 평가하는 기준은 지극히 단순하다. 예쁘면 된다. 여자들은 네일이 어쩌고, 화장이 어쩌고, 귀걸이가 어쩌고 하지만 남자들은 그런 거에 전혀 신경 쓰지 않는다. 화장이 바뀌고 앞머리를 잘라도 잘 알아보지도 못한다. 그래서 결과적으로 예쁜지, 예쁘지 않은지가 중요하다.

  이게 모태솔로들의 비극이다. 모태솔로들이라고 해서 남들이 절대로 입지 않는 이상한 옷을 입고 다니는 게 아니다. 2000년대에 유행하던 샤기컷이나 울프컷을 하고 다니는 것도 아니고, 알라딘 구두를 신고 다니는 것도 아니고, 보기에 민망할 정도로 타이트한 스키니진을 입고 다니는 것도 아니다. 그들도 멀쩡한 청바지나 면바지에 멀쩡한 와이셔츠, 멀쩡한 자켓과 코트를 걸치고 다닌다. 하지만 그들은 전체적인 것에만 신경 쓰느라 디테일을 놓친다. 코트와 바지도 신경 써서 입었고, 머리도 잘 만졌으면서 코털을 깎지 않는다. 미간에 잔털을 정리하지 않아서 갈매기 눈썹이 되어 있다. 손톱을 깎지 않아서 때가 껴 있고, 입술이 건조해져서 피가 나는데도 립밤을 바르지 않는다. 분명 사소한 것들이다. 코털과 눈썹, 손톱, 입술. 다 합쳐봐야 인체의 1%도 차지하지 않을 것이다. 하지만 여자들은 그 사소한 것들을 본다. 그런 사소한 것들을 통하여 당신을 게으르고 센스 없으며 자기 관리를 하지 않는 남자라고 낙인 찍어버린다. 그게 문제다.

  그러니 사소한 것들을 챙겨야 한다. 여자를 만나기 전에는 반드시 코털을 정리하고 손톱을 깎아라. 다이소에서 천 원짜리 눈썹 다듬는 칼을 사서 유튜브를 보고 연습해라. 양치를 하지 못할 상황이라면 화장실에 가서 물로라도 헹구고, 목캔디를 먹어라. 이런 사소한 센스들을 지키는 것만으로도 여자들이 당신을 보는 시각이 달라질 것이다.

특히 향수는 매우 중요하다. 어떤 의미에서는 외모보다도 더 중요하다. 이런 경험을 해본 적이 있을 것이다. 못생긴 여자와 대화를 한다고 해서 기분이 나빠지지는 않는다. 물론 외적으로 매력적이지 않은 여자에게 성적인 호감을 갖게 되긴 어렵겠지만 성격이 좋고 대화가 잘 통한다면 친구로서의 호감은 충분히 가질 수 있다. 때로는 그 친구로서의 호감이 여자로서의 호감으로 발전하기도 한다. 하지만 냄새가 나면 답이 없다. 아무리 예쁜 여자라도 입을 열 때마다 코를 찌르는 악취가 난다면 한 공간에서 말을 섞는 것 자체가 불쾌해진다. 여자들은 대체로 남자보다 감각이 더 예민하기 때문에 더욱 그럴 것이다. 그러니 꼭 향수를 뿌려야 한다.

나도 겪어본 일이다. 생일 선물로 받은 향수가 있었지만 몇 년 동안 방 안에 묵혀두었을 뿐 뿌리고 다니지는 않았다. 어차피 얼굴이나 키가 중요하지, 향수 따위는 하나도 중요한 게 아니라고 생각했다. 그런데 한 친구에게 조언을 듣고 뿌리기 시작했더니 정말로 여자들에게 좋은 향이 난다는 이야기를 듣기 시작했다. 당신도 꼭 해보길 권한다.

좀 더 욕심이 난다면 피부과에 다녀봐도 좋다. 요즘은 피부 시술 비용이 많이 저렴해져서 큰 부담이 되지 않는 비용으로도 외모를 가꿀 수 있다. 메디컬 에스테틱[10] 분야에 10년간 근무한 영업사원으로서 가장 강력하게 추천하는 건 레이저 제모와 스킨보톡스다. 서양에서는 수염이 남성성의 상징으로 여겨진다. 레이저 제모를 해서 수염이 없는 남자는 동성애자나 미성숙한 소년 취급을 받기도 한다. 하지만 여긴 한국이다. 한국인들은 서양인들처럼 입체적인 외모를 갖고 있지 않기 때문에 대체로 수염이 어울리지 않는다.

그러니 깔끔하게 면도를 해야 한다. 뺨에까지 억센 털이 나서 매일 아침 면도를 해도 금방 다시 자라난다면, 면도날 때문에 흉터가 생긴다면 레이저 제모라도 해야 한다. 처음에는 많이 아플 것이다. 핀셋으로 수염을 열다섯 가닥쯤 잡고 한 번에 뽑는 것 같은 고통을 느끼게 될 것이다. 하지만 점점 익숙해진다. 모질이 얇아질수록 통증도 줄어든다. 그 고통을 견디고 나면 얼굴이 한결 깔끔해진 모습을 볼 수 있을 것이다. 아마 서너 살 정도는 어려 보일 것이다.

그리고 스킨보톡스는 피부 전체의 탄력을 높여주는 역할을 한다. 보톡스(Botox)는 보툴리눔 톡신(Botulinum toxin)의 줄임말이다. Toxin라는 단어를 통해 알 수 있듯 보톡스는

[10] 보톡스나 필러, 스킨부스터 등 미용 목적의 의료 활동

일종의 신경 독소다. 근육과 신경 사이에 신호 전달을 차단함으로써 웃거나 찡그릴 때 주름이 생기지 않게 만들어주는 역할을 한다. 스킨보톡스는 이 원리를 활용하여 피부의 전체적인 탄력을 높여준다. 늘어난 모공도 잡아주고, 주름도 줄여준다. 시술을 받을 때는 꽤 아프지만 남자인 필자의 개인적인 생각으로는 견딜만한 수준이었다. 비용도 10만 원 이내로 크게 부담이 되지 않는다.

그밖에는 크게 신경 쓸 것들이 없다. 그냥 마트에 가서 마네킹에 DP 되어 있는 대로 사 입으면 된다. 굳이 명품을 입을 필요도 없다. 지오지아나 지크, 에디션 같은 중저가 남성복 브랜드에서 가장 기본적인 디자인과 색상으로 된 옷을 사면 된다. 키나 체형이 표준에서 크게 벗어나지 않는다면 이 정도로도 충분하다. 어차피 대부분의 남자들은 이 정도의 공도 들이지 않는다. 외출하기 전 5분을 투자해서 코털을 정리하고 향수를 뿌리는 작은 디테일만으로도 '이 남자 센스 있는데?' 하는 생각이 들게 할 수 있다니 이만큼 효율적인 게 어디에 있겠는가?

## 2

# 중소기업도 괜찮지만, 백수는 안 된다

그런 걸(직업이나 경제력)로 저를 어필하고 싶진 않았어요. 제가 가진 게 아닌 제 모습만 봐주길, 가진 것도 많이 없지만 그게 없어져도 '당신을 믿고 살면 살아갈 수 있겠다.' 하는 그런 확신을 가져주길 바랐습니다. 구차하게 그런 걸 얘기하고 싶지 않아요. 그건 지금 가진 것일 뿐이지 미래에도 그걸 갖고 있을지 확신할 수 없잖아요.

- <짝>에 나왔던 출연자 남자3호(삼성물산 재직)의 레전드 명언

어릴 적에는 이 말을 믿었다. 세상에 조건 없는 사랑이 존재할 거라 믿었다. 돈이 많다고, 사회적 지위가 높고 유명하다는 이유로 누군가를 사랑하는 건 사랑이 아니라 믿었다. 그가 가진 것들을 잃거나 더 많이 가진 누군가가 나타나면 연기처럼 허무하게 사라져 버릴 기회주의고 속물근성이라고 생각했다.

하지만 지금은 안다. 세상에 그런 사랑은 없다. 여자는 자

기를 지켜줄 수 있는 남자를 원한다. 높은 사회적 지위와 풍부한 재력을 갖춘 남자, 오랫동안 변치 않고 헌신해 줄 수 있는 남자의 곁에서 안정감을 느끼고 싶어 한다. 그건 속물근성도 기회주의도 아니다. 사랑이란 게 원래 그런 거다. 그걸 위해 우리는 대학에 가고 취업을 하고 돈을 모아서 성공의 사다리에 올라타기 위해 분투하고 있는 것이다. 그런데 구차하게 그런 걸 얘기하고 싶지 않다고? 내가 가진 걸 모두 잃어도 나와 함께라면 불구덩이에라도 뛰어들 수 있는 여자를 원한다고? 그건 인생 날로 먹겠다는 소리다. 입장을 바꿔서 생각해보자. 당신은 어떤 여자를 만나고 싶은가? 당연히 예쁘고 날씬한 여자일 것이다. 성격과 조건이 좋은 여자라 해도 당신 눈에 예뻐 보이지 않는다면 그녀를 위해 헌신하고 싶은 마음이 들지 않을 것이다. 그런데 여자는 왜 당신의 직업과 재력을 따지면 안 되는가? 당신은 못난 여자를 만나고 싶어 하지 않으면서 왜 여자들은 당신이 가진 걸 모두 잃어도 당신을 변함없이 사랑 해줘야 하다고 생각하는가?

받아들여야 한다. 돈은 중요하다. 돈을 배제하고 남자의 가치를 평가하겠다는 건 외모를 배제하고 여자의 가치를 평가한다는 말만큼이나 황당한 소리다. 어리고 예쁜 여자 마다하는 남자 없듯, 돈 많은 남자를 좋아하는 건 여자에겐 너무나 자연스러운 본능이다. 그러니 우리도 돈을 벌어야 한다.

직장에서 인사 고과를 잘 받아서 연봉을 높이고 성과급을 받아야 한다. 재테크를 해서 돈을 굴려야 한다. 미래의 처자식들과 함께 할 보금자리를 마련해야 한다. 수컷의 삶이란 원래 그런 것이다. 바다코끼리는 다른 수컷을 날카로운 어금니로 찢어 죽이고, 반딧불이는 자기의 몸을 반짝이며 허공을 맴돌고, 새들은 구애의 춤을 춘다. 그리고 인간은 돈을 번다. 사랑받고 사랑하기 위해서. 매력적인 파트너를 만나 내 유전자를 다음 세대로 전달하기 위해서.

하지만 너무 좌절하지는 말라. 남자는 예쁜 여자를 원하고, 여자는 돈이 많고 지위가 높은 남자를 원하지만 그게 전부는 아니다. 세상에는 그런 것들을 초월한 사랑도 존재한다. 그 강렬한 감정에 빠지는 순간 돈이나 직업, 집안 같은 껍데기들은 의미를 잃는다. 그런 기적은 누구에게나 찾아올 수 있다. 나 역시도 그런 사랑을 경험한 적이 있다. 고소득 전문직도 금수저도 아닌 내게, 부동산 투자와 해외 주식을 공부하기에도 부족한 시간에 돈도 되지 않는 글줄이나 쓰고 있는 내게 '오빠는 언젠가 꼭 최고가 될 거야.', '오빠를 믿어. 나한텐 오빠가 제일 멋있어.'라고 말해주었던 사람이 있었다. 그러니 여러분에게도 있을 것이다. 그때를 위해서 최소한의 경제적 기반을 마련 해두자. 벤츠나 포르쉐를 타고 한 끼에

30만 원짜리 오마카세 식당에 가고 명품 백을 선물해 주지는 못하더라도 부족하고 못난 우리에게 사랑을 준 고마운 사람을 굶기진 말아야 할 게 아닌가.

4장

2

## 자만추와 인만추, 좋은 여자는 어디서 만날 수 있을까?

확률을 높이는 건 분명 중요하다. 외모를 가꾸고, 커리어를 개발하고, 책을 많이 읽어서 더 매력적인 남자가 된다면 연애가 더 쉬워질 것이다. 여자들과의 대화가 원활해지고 소개팅 애프터 성사율도 높아질 것이다. 어쩌면 당신을 짝사랑하는 여자가 생길지도 모른다. 그렇게 된다면 모솔 탈출이라는 당신의 목표에 좀 더 빨리 도달할 수 있을 것이다.

하지만 그걸로 충분하지는 않다. 타고난 한계가 있기 때문이다. 운동을 열심히 하면 더 남자다운 체격을 갖게 될 것이다. 하지만 그렇게 한다고 185cm 키에 태평양 같은 어깨를 타고난 남자들을 따라갈 수는 없다. 열심히 일해서 직장에서 좋은 고과를 받고, 재테크를 열심히 하면 미래의 애인과 아내에게 더 안정적인 삶을 선사해 줄 수 있을 것이다. 하지만 그렇게 한다고 어느 날 갑자기 월급이 천만 원이 되지는 않을 것이다. 설령 그렇게 된다 한들 금수저를 물고 난 이들을 이길 수는 없을 것이다.

그렇기에 우리는 횟수를 늘려야 한다. 상처받고 망신당할 것을 감수하고 세상 밖으로 나가야 한다. 여자를 찾아 분주히 움직여야 한다. 기억하라. 1%인 제비도 100번을 뽑으면 한 번은 당첨이 되지만 100%인 제비도 안 뽑으면 꽝이라는 것을.

# 1

# 자만추: CC에서 사내 연애까지

　자만추는 자연스러운 만남을 추구한다는 뜻이다. 소개팅이나 결혼 정보 회사처럼 처음부터 연애를 하려는 목적으로 만나는 것이 아니라 오랜 시간을 두고 지인에서부터 연인, 나아가 배우자로 천천히 발전해 가는 관계를 말한다.

　보통 여자들이 자만추를 선호하는 경우가 많은데 이유는 대략 다음과 같다. 첫 번째로는 리스크가 적다. 앞에서 여러 차례 설명했듯, 여자는 남자보다 더 까다롭게 짝짓기 상대를 고르는 경향이 있다. 책임감이 없고 믿음이 가지 않는 남자와 결합하면 자기의 유전자의 절반을 후대로 성공적으로 전달하지 못할 수도 있다는 불안감이 여자들의 본능에 각인되어 있기 때문이다.

　그런데 소개팅은 빠른 시간에 답을 내야 한다. 세 번째 만남에 사귀게 되는 경우가 가장 많고, 보통 다섯 번을 넘기지 않는다. 일주일에 한 번 만난다고 가정했을 때 길어도 한 달 안에 거의 승부가 난다.

그건 여자에게 불리하다. 누군가와 사랑에 빠지기에 한 달은 결코 짧은 시간이 아니다. 사람의 첫인상은 3초 안에 결정된다는 말처럼 소개팅도 보통 첫 만남에 결론이 난다. 첫 만남에서 좋은 인상을 받았다면 그 이미지는 여간해선 깨지지 않는다. 내리막길에서 공을 굴리듯이 일사천리로 흘러간다. 사실 그냥 첫 만남에 사귀자고 해도 무방하다. 어차피 두 번째 이후의 만남은 이미 내려놓은 결론을 재확인하는 과정에 불과하다.

하지만 그가 좋은 사람인지를 판단하는 건 다른 문제다. 많은 경우 매력적인 남자와 좋은 사람이라는 두 가지 기준은 일치하지 않는다. 심지어는 반비례하는 것처럼 보이기도 한다. 매력적인 남자는 여자에게 쉽사리 속내를 내보이지 않는다. 내 것인 듯 내 것 아닌 내 것 같은 그 아리송함에 여자는 점점 빠져들게 된다. 하지만 그런 남자는 여자에게 안정감과 신뢰를 줄 수 없다. 그런 남자와는 도파민이 터지는 강렬한 연애를 할 수는 있지만, 장기적이고 안정적인 관계를 만들어갈 수는 없다. 반면 나에겐 너밖에 없다며 여자에게 100%의 확신을 주는 남자는 매력이 없다. 결말을 다 알고 있는 영화처럼 뻔하고 재미가 없다. 하지만 결혼 상대로는 그런 남자가 진국이다. 술 담배도 안 하고 여자 문제로 속 썩이지 않고 (사실 못하는 거지만) 무던하고 다정다감한 남자. 매력 없고 재미없는 거 빼면 최고의 신랑감이다. 원래 몸에 좋은 약은 입에 쓰고, 달고 짜고 매운 음식들은 맛있지만 대개 몸에는 좋지 않게 마련이다. 그렇기 때문에 누군가가 좋은 사람인지 판단하려면 오랜 시간 동안 냉철한 이성으로 그의 다양한 면모를 살펴야 한다. 하지만 사랑이라는 강렬한 감정적 이끌림은 상대를 평가하는 우리의 이성을 순간적으로 마비시킨다. 그래서 우리는 때로 잘못된 선택을 한다. 사랑해서는 안 될 상대와 사랑에 빠지게 된다.

이러한 순간의 끌림에 이끌려 잘못된 선택을 했을 때의 리스크는 남자보다 여자 쪽이 훨씬 크다. 물론 지금은 처녀가 남자와 잠자리를 가졌다고 무조건 결혼을 하고 아이를 낳아야 하는 세상이 아니다. 머리를 박박 깎이고 골방에 감금되지도 않는다. 하지만 여성의 정조에 대한 관념은 여전히 어느 정도 남아 있다. 직장이나 대학, 동호회에서 어느 남녀가 만나 섹스를 했다는 소문이 났을 때 이미지에 훨씬 큰 타격을 입는 건 대개 여자 쪽이다.

그래서 여자들은 자만추를 선호한다. 대학이나 직장, 동호회, 교회 등 공통 분모가 있는 집단에서 오랫동안 상대방의 다양한 면모를 보고 그가 좋은 사람인지 검증하고 싶어 한다. 공통 지인들이 많기 때문에 그들을 통하여 내 판단이 옳은지 그른지 레퍼런스 체크를 해볼 수도 있다.

두 번째, 자연스럽게 어장 관리를 할 수 있다. 사랑이라는 감정의 리스크는 여자 쪽에 더 크다. 그 격차를 메꾸기 위해 남자는 여자에게 정성을 들인다. 먼저 연락을 해서 안부를 물어주고, 맛있는 식사를 대접하고, 교외로 드라이브를 시켜주고, 고민을 들어주고, 웃겨주면서 남자는 "나는 당신이 임신과 출산, 육아의 과업을 수행하는 동안 변치 않고 당신을 지켜줄 수 있는 헌신적인 남자입니다."라는 메시지를 전한다.

소개팅에서는 이 관계가 오래 지속되기 힘들다. 남자가 당신을 좋아한다고, 만나보면 어떻겠냐고 묻는다면 당신은 Yes or No로 명확한 답을 해줘야 한다.

하지만 자만추는 다르다. 같은 동호회나 회사, 교회에 당신을 좋아하는 남자가 있다면 그는 작은 호의들을 베풀어서 당신의 마음을 얻으려 할 것이다. 선물을 해줄 수도 있고, 차를 태워줄 수도 있고, 식사를 대접할 수도 있다. 하지만 그들의 태도는 소개팅에 나온 남자들만큼 직접적이진 않을 것이다. 친구나 동료로서의 가벼운 호의인 척하면서 간접적으로 마음을 표현할 것이다. 함께 교회 수련회에 가게 된다면 "어차피 우리 집도 너희 집이랑 같은 방향이니까 중간에 내려줄게."라고 하면서 차로 당신을 집 앞까지 데려다줄 것이고, 대학에서 같은 전공 수업을 듣고 있다면 "지난번에 필기 빌려줘서 고마워. 너 아니었으면 낙제 당할 뻔했지 뭐야."라고 하면서 자연스럽게 식사 약속을 잡을 것이다.

남자의 태도가 명확하지 않으니 당신의 반응도 애매해질 수밖에 없다. 남자가 당신에게 이성으로서의 호감을 직접적으로 표현한다면 당신이 할 일은 간단하다. 좋으면 받아주고 싫으면 거절하면 된다. 하지만 자만추에서는 다르다. 단순한 동료나 친구로서 인간적 호의를 베풀었을 뿐인 상대에게 "미안하지만 나는 오빠를 남자로 생각해 본 적은 없어서. 이제 앞으로는 연락하지 말아줬으면 좋겠어."라고 말한다면 남자는 "응? 나는 너 좋아한 적 없는데? 혼자서 무슨 망상이라도 한 거야?" 하며 황당해할 것이다. 그러니 여자의 입장에서는 남자가 자기를 좋아한다는 확신이 들기 전까지는 일단 남자의 호의를 받아주는 수밖에 없다.

물론 대부분의 여자들은 이 모호함을 악용하지는 않는다. 남자가 자기를 좋아하는지 몰라서 그가 사준 밥을 먹고 그의 차를 탈 수는 있지만 알면서도 일부러 그의 마음을 이용해서 호의를 누리려 하지는 않는다. 늦게라도 그의 마음을 알게 된다면 정중하게 거절을 표한다.

하지만 그렇지 않은 여자들도 있다. 어떤 여자들은 남자의 마음을 알면서도 일부러 모른 척하면서 남자로부터의 관심과 호의를 누리기도 한다. 그런 행위를 속칭 어장 관리라고 부른다.

마지막으로는 그냥 하는 말인 경우가 있다. 남자가 주변 친구들에게 나 요즘 외롭다고, 소개팅 좀 해달라고 하는 건 부끄러운 일이 아니다. 결혼 정보회사에 가입하는 것도, 나이트나 클럽에 가는 것도 부끄러워할 필요 없다. 남자는 원래 외롭기 때문이다. 최상위 클래스의 알파 메일이 아니고서는 여자로부터 먼저 관심을 받을 일이 없기 때문에 여자를 찾아 헤매는 건 남자들에겐 너무나 자연스러운 일이다.

하지만 여자는 다르다. 남자들만큼 분주하게 노력하지 않아도 쉽게 관심을 받을 수 있다. 그런데도 주변에 남자가 없어서 소개팅을 해달라고 한다면 이유는 간단하다. 자기가 부족해서다. 아니면 관심을 표하는 남자들은 있지만 자기 눈에 차지 않던지. 그렇기 때문에 여자는 외로워도 외로운 티를 내지 않는다. 뒤에서는 몇백만 원을 내고 결혼 정보 회사에 가입할지언정 앞에서는 자만추라고 말하고 다닌다.

자만추는 이처럼 여자에게 유리하다. 하지만 남자에게는 썩 좋은 방법이라 하기 어렵다.

첫 번째 이유는 친구에서 연인으로 발전하는 임계점을 잡는 게 너무 어렵다는 점이다. 일단, 여자가 먼저 당신을 마음에 들어 할 가능성은 배제해야 한다. 당신에게 집단 내의 어떤 남자들과도 차별화될 정도의 특출난 장점이 있지 않은 이상 그런 일은 벌어지지 않는다. 혹여 그런 기적이 벌어진다고 해도 대부분의 경우 여자는 먼저 마음을 드러내지 않는다. 어떤 경우건 먼저 칼을 뽑아 들어야 하는 건 당신이다.

그런데 그 타이밍을 잡는 일이 말처럼 쉽지 않다. 처음에는 친구나 동료 관계에서 시작할 것이다. 교회 자매님이라면 같이 성경 공부를 하거나 수련회에 갈 것이고, 직장 동료라면 같이 거래처 미팅을 나가거나 회식을 할 것이다. 그러다 보면 자연스럽게 당신의 장점을 보여주게 될 것이다. 일처리를 스마트하게 하는 모습을 보여줄 수도 있고, 워크샵에 가서 모두가 술에 취해 잠든 늦은 밤 홀로 남아 뒷정리를 하는 모습을 보여줄 수도 있다. 하지만 그걸로는 부족하다. 그건 좋은 동호회원이나 좋은 직장 동료로서의 모습이지 연인으로서의 매력이 아니다. 모태솔로가 러닝 동호회에서 제일 달리기를 잘한다고 해도 그냥 달리기를 잘하는 모태솔로일 뿐이다. 달리기를 잘한다고 사랑에 빠지는 여자는 없다.

결국 중요한 건 일대일이다. 일과가 끝나고 난 후의 저녁이나 휴일에 여자를 불러내야 한다. 직장 동료나 동호회 멤버로서가 아니라 남자로서의 당신은 어떤 사람일지 상상하게 만들어야 한다.

하지만 그 여자 동료가 주말에 만나자는 당신의 연락에 응할 확률은 별로 높지 않다. 다 속이 보이기 때문이다. 사무실 문밖을 나가서는 답장도 해주고 싶지 않은 게 회사 동료의 연락인데, 저녁 회식은 개인 시간을 뺏는 걸로 여겨져서 점심 회식을 하는 게 요즘 회사 문화인데 주말에 따로 연락을 해서 만나자고 한다? 별다른 업무상 용건도 없이? 뭐겠는가? 좋아서겠지. 물론 공교롭게도 그녀가 당신에게 먼저 호감을 갖고 있었다면 반갑게 응할 테지만 앞서 말했듯 그럴 가능성은 없다. 그녀는 당신에게 개인적 연락이 오는 순간 숨어버리고 말 것이다. 어쩌면 직장 내 괴롭힘으로 인사팀에 신고를 할지도 모른다.

물론 예외는 있다. 당신이 타고난 '핵인싸'[11]라면 괜찮다. 앞 부서, 옆 부서, 뒷 부서, 대각선 부서 가리지 않고 반갑게 인사하고 어울려 다니는 마당발이라면 상관없다. 만약 그렇다면 퇴근하고 술 한잔하자는 당신의 연락에도 여자는 전혀 수상함을 느끼지 못할 것이다. 원래 그러던 사람이 또 그런다고 생각할 것이다. 그녀는 별다른 부담감 없이 당신과의 저녁 식사에 나올 것이다. 이제 당신만 잘하면 된다.

하지만 자책형 모태솔로인 당신이 그런 사람일 리가 없다. 당신은 아마 진지하고 수줍음 많은 사람일 것이다. 직장 동

---

11    강조의 접두사인 '핵'과 아웃사이더(Outsider)의 반대말인 인사이더(Insider)의 합성어다. 매우 사교성이 좋고 대인관계가 원만한 사람을 뜻한다.

료와는 업무 외에 별다른 대화를 하지 않을 것이다. 다른 부서 사람에게는 눈도 제대로 못 마주치고 기어들어 가는 목소리로 "안녕하세요." 하면서 목을 꾸벅할 것이다. 회식 자리에서도 구석진 테이블에 앉아서 콜라나 사이다를 마시고 있을 것이다. 그런 사람이 갑자기 늦은 저녁에 연락을 해서 술 한잔하자고 한다? 그걸 자연스럽게 받아들일 여자가 어디에 있겠는가?

두 번째, 그 모호함으로 인해서 기약 없는 헌신을 바쳐야 한다. 소개팅은 잃을 게 없는 관계다. 원래부터 서로 몰랐던 두 사람이 잠깐 아는 사이가 되었다가 다시 몰랐던 사이로 돌아가는 것일 뿐이다. 그렇기 때문에 망설일 필요가 없다. 좋으면 좋다고 하면 된다.

하지만 자만추는 다르다. 원래부터 알던 사이이다. 주변에는 공통으로 알고 있는 여러 지인들이 있다. 그 집단 내에서 쌓아온 자기의 평판도 있다. 잃을 게 너무 많다. 물론 당신이 185cm 근육 헬창 월 천만 원 전문직 존잘남이라면 상관 없다. 여자가 먼저 호감을 표해올 것이고, 당신은 고르면 된다. 당신은 아무런 리스크도 질 필요가 없다. 하지만 당신이 그런 남자일 리는 없다. 우리 같은 평범한 남자들은 먼저 나서서 여자에게 다가가야 연애를 할 수 있다.

그러려면 리스크를 감수해야 한다. 고백을 했다가 실패하면 친한 친구를 한 명 잃게 될 것이다. 같은 동호회나 교회에서 활동하면서 많은 추억을 공유한 그녀와 다시는 친구로 지내지 못하게 될 것이다. 집단 내에서의 평판에도 금이 갈 것이다. 한 명까지는 괜찮다. 사람이 사람 좋아하는 게 잘못은 아니니. 동호회원들이나 회사 동료들 사이에 소문이 돌겠지만 금방 잠잠해질 것이다. 잠깐 창피하고 나면 될 일이다. 하지만 두 명부터는 달라진다. 여미새(여자에 미친 새끼)라는 소리를 듣게 되고 자칫하면 동호회에서 강퇴를 당할 수도 있다. 물론 다른 동호회를 찾으면 될 일이긴 하지만 오랫동안 애정을 갖고 활동해 온 집단에서 배제당하는 건 꽤 마음이 아픈 일이다.

이로 인해 고백을 할 타이밍을 차일피일 미루게 된다. '좀 더 친해지면 고백의 성공률을 높일 수 있지 않을까?', '혹여 그녀도 나를 좋아하고 있는 건 아닐까?', '만약 좋아하는 남자가 따로 있는지 라도 알게 된다면 괜히 고백을 했다가 차이는 일은 막을 수 있지 않을까?' 하면서 마냥 시간만 죽이게 된다. 하지만 결국 당신은 아무것도 알아내지 못할 것이다. 아무리 많은 시간을 함께 보내고 아무리 친해진다고 해도 고백을 하기 전에는 그녀의 마음을 알 수 없을 것이다. 당신이 쌓아온 건 친구로서의 친분이지 연인으로서의 친분이 아니기 때문이다. 결국 당신은 시간과 에너지, 감정만 낭비하게 된다.

여자가 여왕벌의 성향을 갖고 있다면 문제는 더 심각해진다. 앞서 나는 여자에게 자만추가 유리하다는 근거 중 하나로 자연스럽게 어장 관리를 할 수 있다는 점을 제시했다. 하지만 대부분의 여자들은 그렇게 악독하지는 않다. 당신이 그녀를 좋아하는지 몰라서, 당신을 정말 친구로만 생각해서 편하게 연락을 주고 받고, 커피나 술을 마실 수는 있지만 당신이 그녀에게 직접적으로 호감을 표한 이후라면 그렇게 하지 않는다. "그래. 나도 너 좋아해. 우리 만나보자."라고 하던지 "미안하지만 너를 친구 이상으로 생각해 본 적은 없어."라고 확실한 답을 준다. 12시간 동안 카톡을 읽지 않는 방법으로 우회적인 의사 표시를 하기도 한다. 호감이 없는 상대에게 '조금 더 노력하면 너에게 마음을 줄지도?… ㅎㅎ' 하면서 일부러 어장관리를 하지는 않는다.

하지만 상대가 여왕벌이라면 다르다. 이들은 집단 내의 누구와도 진지한 관계를 맺지 않는다. 그 대신 모두에게 여지를 준다. 애교나 눈웃음. 이모티콘, 플러팅 기술들을 적절히 활용하여 여자에 굶주린 남자들로 하여금 '어쩌면 쟤가 날 좋아하는 게 아닐까?' 하는 헛된 망상을 하게 만든다. 망상에 빠진 남자들은 여왕벌에게 충성을 바친다. 스포츠 동호회라면 비싼 물품을 선물하고, 회식을 할 때는 돈을 대신 내주고, 집에 갈 때는 차로 에스코트해 주거나 택시를 불러준다. 하지만 그들 중 누구도 여왕벌을 쟁취하지 못한다. 애초에 여왕벌의 목적은 만인의 연인이 되어 만인으로부터의 호의를 누리는 것이지 누군가와 진지한 감정을 주고받는 게 아니기 때문이다. 많은 남자들을 부리는데 익숙한 여왕벌에게 순진한 모솔남이 걸려든다면 아마 사골까지 빨아 먹히게 될지도 모른다.

이런 점에서 자만추는 모태솔로들이 연애를 하기에 좋은 방법이 아니다. 그러니 자만추에는 너무 많은 기대를 걸지 않는 편이 좋다. 하지만 자만추를 아예 배제하는 건 권하지 않는다. 동호회건 교회건 자기가 진심을 다할 수 있는 단체 활동을 하나 정도는 하는 걸 추천한다. 삶을 풍성하게 하기 위해서다. 결국 모든 생물이 살아가는 이유는 종족 번식이다. 바다코끼리들이 다른 수컷의 하렘을 빼앗기 위해 날카로운 엄니로 서로 물어뜯으며 싸우는 거나, 인간이 신대륙을 찾아 떠나고 위대한 문학 작품을 만들고 이웃 국가를 침략하는 거나 본질적으로는 다르지 않다.

하지만 그렇다고 해서 여자를 만나겠다는 한 가지 목표에만 골몰해서는 안 된다. 당신은 루저이기 때문이다. 알파 메일이라면 상관없다. 매력적인 여자들에게 둘러싸여 세상 모든 남자들이 부러워하는 쾌락의 주지육림을 누리게 될 것이다. 하지만 당신은 그런 남자가 아니다. 여자들은 베타 메일인 당신을 거들떠보지 않을 것이고 당신은 숱한 실패와 거절, 모멸을 겪게 될 것이다. 인간이라서 그런 게 아니다. 자연계의 모든 동물들이 그렇다. 수컷의 삶은 원래 고달프다.

그렇기 때문에 버텨야 한다. 진흙 속에 묻혀 있던 당신의 가치를 알아봐 줄 한 사람이 나타날 때까지. 그러려면 삶의 활력소가 되어줄 무언가가 필요하다. 달리기를 연습해서 마라톤 대회에 나가도 좋고, 웨이트를 해서 바디 프로필을 찍어도 좋다. 나처럼 글을 열심히 써도 좋고, 그림을 열심히 그려서 동호회원들끼리 자그마한 전시회를 열어도 좋다. 물론 그런다고 당장 여자들이 당신을 알아주진 않을 것이다. 하지만 이런 자그마한 성취들은 당신의 주변에 희미하지만 밝고 긍정적이고 미래 지향적으로 보이는 아우라가 감돌게 만들어 줄 것이다. 무언가에 진심인 남자, 자기 세계관이 있는 남자가 된 만큼 당신은 모솔 탈출에 한 걸음 가까워지게 될 것이다.

하지만 여자를 만나는 것 외에 모든 일을 배제해 버린다면 역설적이게도 여자를 만나기 어려워진다. 입장 바꿔서 생각해 봐라. 소개팅에 나가서 "주말에는 뭐 하세요?"라고 물었을 때, 운동을 하거나 책을 읽거나 재테크 공부를 한다고 답하는 여자와 "저는 빨리 시집가려고 일주일에 세 번씩 소개팅을 하고 있어요. 전문직 금수저를 만나고 싶어서 결혼 정보 회사에 5천만 원짜리 패키지도 결제했어요."라고 하는 여자가 있다면 당신은 어느 쪽을 택하겠는가?

그러니 소모임이나 문토 어플을 깔고 당신이 제일 좋아하는 활동을 검색하라. 여자가 적다고 좌절하지 말라. 설령 여자가 많더라도 그중에 당신을 좋아할 여자는 어차피 없다. 이 안에서 누군가를 만나면 좋지만 아니라도 별 상관은 없다는 마음을 갖고 최대한 자주 나가라. 일단 집 밖으로 나가서 당신 삶에 다양한 변수들을 만들어라. 재밌게 살아라. 그리고 인연을 기다려라. 그게 자만추의 진정한 의미 아니던가.

## 2

## 인만추: 소개팅에서 나는 솔로까지

① 소개팅

이성을 만날 수 있는 가장 무난하고 정석적인 방법이다. 보통 주선자가 남자에게 여자의 연락처를 전달해 주고 일정을 조율해서 만난다. 깔끔하고 분위기 좋은 이탈리안 레스토랑에서 만나서 식사를 하고 2차로 커피나 맥주를 마시는 게 가장 일반적이고, 보통 3~5회를 만난 후에 서로에게 호감이 있으면 연애로 발전하는 경우가 많다.

소개팅의 장점은 무난하다는 점이다. 모든 게 중간이다. 헌팅은 공짜다. 가서 말만 걸면 된다. 하지만 상대방의 신원이 보장되지 않는다는 문제가 있다. 첫 만남에 알 수 있는 건 외모뿐이기 때문에 상대방이 무직 백수인지, 신용 불량자인지, 유흥업계 종사자인지 아무것도 알 수가 없다. 반면 결혼정보 회사는 상대의 신원이 보장된다. 소득증명서나 재직증명서, 전문직 면허증에서부터 집이 있으면 집문서까지 제출해야 한다. 그러니 속을 일이 없다. 물론 마음만 먹으면 문서 위조도 할 수 있는 세상이라지만 적어도 스펙이라는 측면에서 결혼 정보 회사는 꽤 믿을 만하다. 하지만 비싸다. 회당 30만 원 정도가 기본이고, 직업이나 학력, 집안까지 본다면 가입비는 수천만 원대까지도 올라간다.

소개팅은 딱 중간이다. 증빙서류까지 제출하지는 않지만 주선자가 보증인 역할을 해준다. 주선자가 신원이 명확하고 믿을 만한 사람일수록 그가 해주는 소개팅의 질도 높아진다. 물론 여기에도 예외는 있다. 꼭 주선자가 양쪽을 다 알고 소개해 주는 경우만 있는 건 아니다. 지인의 지인을 통해서 소개해 줄 수도, 세 다리 정도를 건너서 소개해 줄 수도 있다. 다리를 많이 건널수록, 주선자가 나에 대해 잘 모를수록 주선자의 책임감이 희미해지고 나와 어울리는 사람이 나올 확률도 반비례하여 줄어든다. 그럼에도 불구하고 믿을 만한 지인을 통한 소개팅은 연애를 시작하기에 가장 안정적이고 무난한 방법 중 하나다. 좋은 사람 곁에는 보통 좋은 사람들이 많게 마련이다.

비용도 딱 적당하다. 분위기 좋은 레스토랑에서 보통 5~10만 원 정도의 식사를 한다. 계산은 보통 남자가 하고, 2차를 가면 여자가 디저트나 맥주를 산다. 적지는 않지만 그렇다고 크게 부담이 될 정도의 돈은 아니다. 여자에 대한 성의와 매너를 표현하기에 딱 적절한 금액이다. 관계가 진전될

수록 여자가 돈을 내는 빈도도 많아진다. 보통 2번을 남자가 샀으면 세 번째 정도에는 여자가 한 번 식사를 대접한다. 연인 관계로까지 발전하게 되면 데이트 비용은 거의 절반에 가깝게 수렴하게 된다. 보통 남자 6:여자 4에서 5.5:4.5 정도가 된다. 남자가 더 돈을 쓰는 걸 바람직하게 여기는 한국적 연애 풍토를 고려할 때 이 정도는 아주 무난한 편이다.

하지만 소개팅이라고 마냥 좋기만 한 건 아니다. 진지한 만남인 만큼 감정 소모가 크다. 나이를 먹을수록 여자들의 눈은 까다로워진다. 어릴 때는 한 가지만 맞아도 만나지만 나이가 들어서는 한 가지만 안 맞아도 안 만난다. 물론 인간관계에 대한 경험이 쌓이면서 더 신중하고 현명해지는 거라 볼 수도 있지만, 남자의 입장에서는 그 거름망을 뚫기가 점점 어려워진다. 어릴 때는 남자와 헤어지더라도 다른 사람을 만날 수 있는 시간과 기회가 많이 남아 있지만, 나이가 들어서는 남은 평생을 함께할 배우자를 찾아야 하기 때문에 더 까다로워지기도 한다.

그런 여자들의 모습을 보노라면 그냥 다 때려치우고 포기해 버리고 싶은 생각이 들기도 한다. 짚신도 다 짝이 있다고, 그냥 내가 아무런 노력을 하지 않아도 내게 먼저 다가와 주고 호감을 표현해 줄 사람을 기다리게 되기도 한다. 하지만 대부분의 평범한 남자들에게 그런 일은 생기지 않는다. 평생에 한

두 번 있기도 어려운 일이다. 그 여자가 내 마음에 들 가능성까지 고려한다면 가히 절망적이다. 그러니 남자는 뭐라도 해야 한다. 첫 만남에서 매너 있고 다정다감하면서도 여자 앞에서 주눅 들거나 숙이고 들어가지는 않는 모습을 보여야 한다. 유쾌한 분위기를 이끌되 가벼워 보이거나 친구처럼 느껴져선 안 된다. 여자에게 호감이 있다는 명확한 표현을 해야 하지만 부담을 주거나 절박해 보여서는 안 된다. 한 마디로 엄청나게 어렵다. 첫 만남을 지나 세 번째, 네 번째 만남으로 진전될수록 남자는 점점 여자에게 많은 걸 쏟아붓게 되고, 감정적으로 몰입하게 된다. 그럴수록 거절당했을 때의 상처와 허무함은 더 커진다. 그 위험성을 감수해야 한다.

하지만 그럼에도 소개팅은 연애를 시작하기에 가장 좋은 방법이다. 비용 부담도 크지 않고, 상대방의 신원도 명확하다. 애초부터 연애를 전제로 한 만남이기 때문에 여자 쪽에서 "미안하지만 나는 오빠를 친구 이상으로 생각해 본 적은 없어서, 우리 앞으로도 좋은 친구로 지내면 안 될까?"와 같은 말을 하는 일도 없다. 물론 정 주고 마음 주고 돈도 많이 썼던 여자에게 거절당하는 건 마음 아픈 일이지만 그걸 걱정한다면 연애를 시작할 수 있는 방법이 사실상 없다. 수컷의 삶이란 원래 이런 거다. 그러니 연애를 시작하고 싶은 독자들은 내 주변에 나의 매력을 가장 잘 알고 있는, 그리고 나를 진심으로 아껴주는 친구에게 연락을 해서 소개팅을 부탁해 보도록 하자.

② **로테이션 소개팅**

최근 들어 유행하고 있는 데이팅 방식이다. 보통 10쌍 내외의 남녀가 모여서 한 사람당 10분씩 약 2시간 동안 대화를 한다. 모든 이성과 대화를 마친 뒤에는 제일 마음에 들었던 세 명을 선택한다. 만약 내가 택한 세 명의 이성 중 나를 선택한 이성이 있다면 매칭이 되고 연락처가 공개된다. 그때부터는 각자 연락해서 만나면 된다. 모임마다 디테일한 차이는 있지만 대략 이런 방식으로 진행된다.

로테이션 소개팅의 장점은 탁월한 가성비다. 나이트는 보통 5만 원 정도가 든다. 테이블 기본 세팅 비용이 5만 원에, 웨이터에게 3만 원 정도 팁을 주고 맥주를 한 번 리필하면 2만 원 정도가 추가된다. 그걸 두 사람이 나눠서 내면 대략 5만 원 정도가 된다. 만약 룸을 잡는다면 인당 20만 원 정도까지 쓸 각오를 해야 한다. 하지만 매칭 성공률은 가히 끔찍하다. 웨이터가 부킹을 해서 데려온 여자들은 자리에 앉기도 전에 도살장에 끌려온 소 같은 표정들을 하고 있고, 시끄러운 음악 소리 때문에 대화를 제대로 하기도 어렵다. '어디 살아?', '몇 살이야?' 같은 기본적인 호구 조사를 하기에도 벅차다. 여자들은 1분을 채 버티지 못하고 자리를 떠버린다. 그런데 로테이션 소개팅은 10분이라는 어마어마한 시간을 보장해 준다. 그것도 무려 10명이나 되는 이성과 대화를 할 수 있다. 그게 단돈 2~3만 원이다.

  10분이라는 시간이 너무 짧게 느껴질 수도 있다. 하지만 막상 해보면 그렇지 않다. 10분 동안의 짧은 대화로도 성격이 잘 맞을 것 같다는 느낌이 오는 상대가 있고, 10분을 때우기에도 버거울 정도로 공감대가 만들어지지 않는 상대도 있다. 누군가가 좋은 사람인지 판단하기 위해서는 좀 더 오랜 시간 지켜봐야 하겠지만 더 알아 가보고 싶은 마음이 드는지를 확인하기에 10분은 결코 짧은 시간이 아니다.

  반면 단점은 생각보다 매칭률이 좋지 않다는 점이다. 남녀가 모이는 곳에는 언제나 남자들이 다수를 이룬다. 나이트나 클럽을 가도 남자가 훨씬 많고, 거의 모든 종류의 동호회에 남자가 절대다수이고, 소개팅 어플 가입자도 남자가 훨씬 많다. 하지만 로테이션 소개팅은 단순한 모임이 아니다. 엄연한 유료 서비스다. 그렇기 때문에 성비를 맞춰야 한다. 10명의 남자가 2~3명의 여자를 두고 경쟁하는 미팅에 어떤 정신 나간 남자가 돈을 주고 나가겠는가?

  그런데 로테이션 소개팅은 성비가 잘 맞는다. 가끔 여자 쪽에서 당일 참석 취소를 해서 한두 명 정도 공석이 생기는 경우는 있지만 대체로는 1대 1에 가깝다. 여기까진 솔깃할 것이다. 하지만 이게 바로 문제다. 나이트나 클럽, 소개팅 어플에 남자가 훨씬 많은 건 왜일까? 남자들은 여자가 남자를 원하는 것보다 훨씬 간절하게 여자를 원하기 때문이다. 이건 인간의 힘으로 어찌할 수 없는 자연의 이치다. 그렇다면 로테이션 소개팅에서는 어떻게 성비를 맞출까? 가장 쉽게 생각할 수 있는 건 선착순이다. 하지만 선착순으로 신청을 받는다면 여자들이 반발할 것이다. 남자들의 질을 보장하기 어렵기 때문이다. 여자의 입장에선 성비를 1대 1로 맞춘다는 자체가 많은 남자들로부터 대시를 받고 공주님 대접을 받을 기회를 포기하는 것이다. 그렇다면 남자들의 질이라도 보장해 줘야 한다. 어중이떠중이 같은 남자들과 성비를 맞춰서 하는 소개팅이라면 어떤 여자도 나가고 싶어 하지 않을 것이다. 여자들이 안 나온다면 당연히 남자들도 나오지 않을 것이고, 이 소개팅은 성립할 수가 없다.

  그래서 대부분의 로테이션 소개팅에서는 남자들에게 가입 제한 조건을 둔다. 키가 174cm 미만이거나 최소 중견 기업 급의 직장에 다니고 있지 않다면 가입을 받아주지 않는 식이다. 반면 여자들에게는 원숭이도 충족시킬 수 있을 정도의 조건만 건다. 밝은 성격과 좋은 인상. 여자는 키가 작아도, 직업이 없어도 나올 수 있지만 남자는 모든 조건에서 최소 평균은 넘어야 한다.

그게 문제다. 모든 건 상대평가다. 장님들 나라에서는 애꾸가 왕이라는 말이 있다. 같이 나온 경쟁자들의 질이 떨어진다면 그들에 비해 내가 상대적 우위를 갖게 된다는 말이다. 그런데 여기서는 반대다. 대한민국에는 174cm보다 작은 남자가 절반인데 여기서는 174cm가 안 되는 남자들을 아예 소거해 버린다. 평균 이하인 남자들이 사라지고 남는 건 평균 이상인 남자들뿐이다. 당연히 여자들의 시선은 그중에서도 더 조건이 좋은 남자들에게 향하게 된다. 평균 이상인 남자라도 여기서는 평균 이하 취급을 받게 되는 것이다.

물론 내가 185cm라면 아무 문제가 되지 않는다. 최소 가입 기준을 통과한 절반의 남자들 중에서도 최상위권일 테니. 하지만 그렇지 않다면 선택해야 한다. 남자 80명이 여자 20명을 두고 무한 경쟁을 벌이는 동물의 왕국이냐, 아니면 나보다 우월한 19명을 상대로 언더독의 기적을 꿈꿔볼 것이냐. 둘 다 녹록지 않다. 베타 메일의 삶은 원래 그렇다.

**③ 결혼 정보 회사**

결혼 정보 회사하면 가장 먼저 떠오르는 키워드는 등급이다. 성형외과나 피부과, 정형외과 의사들은 1등급, 기타 전공 의사들이나 치과의사, 한의사는 2등급, 10대 재벌 기업 회사원이나 상위 공기업은 3등급 하는 식으로 사람들을 서열화시켜서 등급에 맞는 사람만 소개해 주는 게 결혼 정보회사의 이미지다. 그래서 대부분의 사람들은 결혼 정보회사를 좋아하지 않는다. 사랑이 아니라 돈을 보고 결혼하려는 속물적인 여자들로 가득할 거라 생각한다. 나 같이 평범한 직장인들은 사람 대접도 받지 못하고 5분 만에 여자들이 도망칠 거라 생각한다.

하지만 막상 해보면 꼭 그렇지는 않다. 물론 등급이 존재하긴 한다. 1천만 원, 3천만 원, 5천만 원, 심지어 1억짜리 요금제도 있다. 전문직을 만나고 싶다면, 몇억 이상의 자산을 가진 남자를 만나고 싶다면, 거기에 집안까지 본다면 금액은 점점 올라간다. 하지만 일반적으로는 그 정도의 돈을 내진 않는다. 남자 회원 기준 보통 회당 30만 원 정도다. 크다면 큰 금액이지만 일반적인 직장인으로서 감당하지 못할 정도의 금액은 아니다. 이 정도를 내면 딱 내 급에 맞는 여자를 소개해 준다. 나보다 두세 살 정도 어리고 평범한 외모에 평범한 직장을 다니는 여자를 소개해 준다. 그다음부터는 그냥 일반적인 소개팅과 똑같이 진행된다. MBTI 얘기, 직장 얘기, 좋아하는 음식 얘기, 여행 얘기한다. 마음에 들면 애프터를 하고, 세 번이나 다섯 번 정도 만나면 연애를 시작한다. 결혼 정보 회사라고 해서 연봉이 얼마고 모아놓은 돈이 얼마인지, 부모님 돌아가시면 얼마나 물려줄 수 있는지부터 물어보지는 않는다.

하지만 그렇다고 해서 결혼 정보 회사에서의 미팅이 일반적인 소개팅과 완전히 똑같지는 않다. 어쨌거나 돈이 개입된 만남이기 때문이다. 경제학에는 매몰 비용의 오류라는 개념이 있다. 이미 날아간 돈에 대해서는 더 신경 쓰지 말라는 이야기다. 가령 10%의 확률로 100만 원을 따고, 90%의 확률로 20만 원을 잃는 게임이 있다고 가정 해보자. 이 게임의 기댓값은 $10\% \times 1{,}000{,}000 + 90\% \times (-200{,}000) = -80{,}000$원이다. 즉, 이 게임은 하면 할수록 손해를 보게 되는 게임이다. 10번을 하면 80만 원을, 100번을 하면 800만 원을 잃게 될 것이다. 그러니 이 게임은 애초에 시작을 하지 않는 게 낫다. 하지만 사람의 마음은 꼭 그렇게 굴러가지 않는다. 이미 이 게임을 하다 1,000만 원을 날린 상태라면 어떻게든 그 돈을 복구하고 싶어진다. 그래서 확률이 높지 않은 게임인 줄 알면서도 계속 도전하게 된다. 이처럼 이미 날려버린 비용을 복구하려고 노력하다 더 큰 손해를 보는 인간의 심리적 메커니즘을 매몰 비용의 오류라고 한다.

이러한 심리는 일상생활에서도 흔히 찾아볼 수 있다. 나쁜 남자는 여자의 돈과 시간과 감정을 노린다. 돈을 빌려서 갚지 않기도 하고, 섹스 파트너로만 이용하기도 한다. 이런 남자를 오래 만날수록 여자의 심신은 점점 갉아 먹히게 된다. 그러니 애초에 이런 남자를 만나지 않는 게 상책이다. 하지만 이미 나쁜 남자와 어느 정도 오랜 시간 관계를 맺어왔다면 달라진다. 그동안 퍼준 게 아까워서라도 계속 만나게 된다. 만나다 보면 갱생하겠지, 속마음은 착한 사람이야, 라는 말로 자기를 합리화하며 점점 많은 시간과 돈과 에너지를 낭비하게 된다.

결혼 정보 회사에서도 비슷한 현상이 벌어진다. 300만 원을 내고 여자를 10번 소개받기로 했다고 가정 해보자. 여기서 300만 원은 매몰 비용이다. 어차피 돌려받을 수 없는 돈이다. 첫 번째에 만난 여자와 결혼을 한다고 치더라도 나머지 9번에 해당하는 270만 원을 환불해주진 않는다. 그렇다면 신경 쓰지 말아야 한다. 이 여자가 나에게 가장 잘 맞는 짝인가, 라는 한 가지 문제만 생각해야 한다. 하지만 사람 마음이 그렇지가 않다. 첫 번째로 만난 여자가 마음에 들더라도, 왠지 다음 9번에는 더 괜찮은 여자들이 나올 것만 같은 생각이 들어서 애프터를 하기가 망설여진다. 차라리 10명의 여자를 한 번에 보여주고 그중에 제일 마음에 드는 여자를 고르라고 하면 나을 텐데 한 번에 한 명씩만 소개해 주니 다음번에는 누가 나올지 자꾸만 상상하게 된다. 그 기대와 현실 사이에서 균형을 잡는 게 중요하다. 어느 정도 괜찮은 것 같으면 기대를 접어야 한다. 그냥 이 사람이 최선이겠거니, 더 소개를 받아봐도 별거 없겠거니, 해야 한다. 앞으로 9번의 미팅이 남았더라도 그냥 없는 셈 쳐야 한다. 하지만 그게 쉽지 않다. 우리는 300만 원을 냈기 때문이다.

한편, 9번째나 10번째 만남이 되면 절박해진다. 여자 손도 한 번 못 잡아보고 300만 원이 공중분해 되는 게 아닌가, 하는 두려움이 엄습해 오기 시작한다. 어떤 여자가 나오더라도 사랑에 빠질 수 있을 것만 같은 심리상태가 된다.

아마 여자도 마찬가지일 것이다. 첫 번째로 소개받은 남자라면 어지간히 마음에 들지 않는 이상 그 남자와 관계를 이어 나가고 싶어지지 않을 것이다. 그리고 다섯 번을 넘어 아홉, 열 번으로 갈수록 여자는 좀 더 절박해질 것이다. 연애도 못 해보고 가입비를 날리긴 아까우니 조금이라도 더 알아볼까 하는 생각이 들 것이다. 결국 결혼 정보회사를 통해 여자와 연애나 결혼을 하는 가장 좋은 방법은 한두 번밖에 안 남은 여자를 소개받는 것이다.

그리고 결혼 정보 회사를 이용할 때 반드시 주의해야 할 사항이 있다. 매칭 매니저가 아니라 상담 매니저를 통해 소개받아야 한다는 것이다. 가연이나 수현 같은 메이저 결혼 정보 회사들은 넓은 회원 풀을 갖고 있다. 그렇기 때문에 군소 업체들에 비해 내 취향에 맞는 여자들이 많이 가입되어 있을 가능성이 높다. 하지만 그렇다고 과신하면 안 된다. 메이저 회사들은 대개 매칭 매니저와 상담 매니저가 분리되어 있기 때문이다. 소개팅의 성사율을 높이려면 주선자가 남녀 양쪽을 다 알아야 한다. 그래야 두 사람이 얼마나 잘 어울릴지를 고려해서 소개해 줄 수 있다. 그런데 메이저 회사들은 회원도 많고 조직도 방대하기 때문에 한 사람의 매니저가 모든 걸 책임질 수 없다. 그래서 회원 가입 시에 직접 회원과 면담을 한 상담 매니저와 실제로 남녀를 연결해 주는 매칭 매니저가 따로 있는 경우가 많다. 이런 경우에는 상담 매니저를 통해 소개받는 게 더 유리하다. 상담 매니저는 쌍방을 모두 만나봤기 때문에 둘 사이가 어느 정도 잘 어울릴지 가늠을 할 수 있지만, 매칭 매니저는 말 그대로 정말 '아무나' 소개해 주기 때문이다. 물론 상담 매니저라고 해서 우리를 친구나 가족처럼 챙겨주는 건 아니다. 상담 매니저에게나 매칭 매니저에게나 우리는 회사의 매출을 올릴 돈벌이 수단일 뿐이다. 하지만 상담 매니저는 우리와 직접 대화를 나누었던 사람으로서 최소한의 인간적 유대라도 갖고 있지만 매칭 매니저에게는 그런 것조차 없다. 그들의 역할은 최대한 빨리 약속된 소개 횟수를 차감하고 다음 결제를 유도하는 것이지 우리에게 천생연분의 짝을 소개해 주는 게 아니다.

  이건 필자가 실제로 겪었던 일이다. 매칭 매니저를 통해 소개를 받고 약속 장소에 도착했는데 여자를 보자마자 집에 가고 싶다는 생각부터 들었다. 외모가 문제가 아니었다. 소개팅을 나온 사람이라는 걸 믿을 수 없을 정도로 성의가 없는 복장을 하고 있었다. 검은 스키니 청바지에 검은 나이키 포스 운동화, 아이보리색 스트라이프 니트에 펑퍼짐한 패딩 점퍼. 이 모든 조합이 너무나 촌스러웠다. 패션은 개인 취향이라지만 나는 지금껏 살아오면서 이런 차림새로 소개팅에 온 여자를 본 적이 없었다. 성격도 맞는 구석이 없었다. 나는 술을 1년에 한 번도 마시지 않는데 그녀는 밥 먹을 때마다 반주를 곁들이는 게 취미라 했고, 나는 여행을 별로 좋아하지 않는데 그녀는 전국 방방곡곡 안 다녀본 곳이 없다고 했다. 한 시간도 안 되어 헤어지고, 매칭 매니저에게 전화를 걸었다. 외모로 보나 성격으로 보나 나와 너무 안 어울리는 사람인데 도대체 뭘 보고 나에게 이 사람을 소개해 준 거냐고 했다. 그런데 그때 매칭 매니저의 대답이 걸작이었다.

"그분이 그런 분이셨어요?"
"아니, 그럼 그분이 어떤 분인지도 모르고 소개해 준 거예요?"
"저희는 매칭만 해주는 역할이라 회원님들을 직접 만나본 적이 없고, 상담 매니저님 통해 전달받은 데이터만 갖고 소개해 주는 거라서요."

"몇천만 원씩 내고 가입하는 회원들이 있으니 저희 같은 일반 회원들은 우스워 보이세요? 회당 30만 원을 내고 하는 소개팅인데 어떤 여자인지도 몰랐다니 그런 무책임한 말이 어디 있어요? 앞으로 매니저님 통해서 소개받는 일은 절대로 없을 테니 그렇게 아세요."

이런 식이다. 매칭 매니저가 어련히 좋은 여자를 소개해주겠거니 하며 얌전히 앉아 있어서는 안 된다. 최대한 진상같이 굴어야 한다. 사진도 보여달라고 하고, 도저히 납득할 수 없을 수준의 상대방이 나온 경우에는 전화를 걸어서 컴플레인을 하고 미차감을 요구해야 한다. 회당 30만 원을 낸 우리에게는 그럴 권리가 있다.

### ④ 나이트클럽

플러팅 기술을 익히기에는 가장 좋은 곳이다. 이곳은 가벼운 만남에 특화된 곳이기 때문이다. 플러팅의 묘미는 모호함에 있다. 금방이라도 나를 잠자리로 데려갈 듯 강렬한 성적 유혹을 하더니 한순간 얼음장처럼 차가워진다. 냉탕과 온탕을 오가는 강렬한 자극에 상대방은 미쳐버린다. 하지만 이런 사랑의 끝은 대개 좋지 않다. 한쪽이 일방적으로 이용당하고 상처받는 결말인 경우가 많다. 누군가의 마음을 들었다 놨다 한다는 자체가 그 사람을 소중하게 여기지 않는다는 증거기 때문이다. 사람은 누구나 소중한 걸 잃는 걸 두려워한다. 점심 내기 당구 시합 정도는 가볍게 할 수 있지만, 자동차나 집을 살 때는 누구나 신중해진다. 사람을 대할 때도 마찬가지다. 잃어도 되는 사람에게는 얼마든지 섹슈얼한 유혹을 할 수 있다. 그러다 한순간 돌변해서 냉담하게 대할 수도 있다. 상대방이 나를 떠나건 말건 아무 상관이 없기 때문이다. 하지만 그 사람을 진심으로 사랑한다면 그 사람의 마음을 갖고 장난을 치진 않는다. 실망하거나 상처받은 상대방이 떠날 게 두렵기 때문이다. 두려움이나 상실감 같은 감정을 알지 못하는 사이코패스가 아니라면 그런 행동은 할 수 없다.

아이러니하게도 당신들이 모태솔로인 이유는 거기에 있다. 당신들은 여자를 너무나 소중히 여긴다. 그래서 여자의 마음을 흔들 수 있는 강력한 수를 두지 못한다. 뻔하고 재미없는 수만 둔다. 여자들은 당신을 좋은 사람이라고 여길 수는 있지만 강렬한 호르몬의 끌림을 느끼지는 못한다.

그러니 해결책도 간단하다. 더 이상 여자를 소중히 여기지 않으면 된다. 내게 실망하건 말건, 나에게 화를 내건 말건 눈도 깜짝하지 않으면 된다. 그러면 강력한 수를 던질 수 있다. 여자를 헷갈리게 만들 수 있다. 그러면 여자는 그 모호함의 의미를 해석하고 싶어진다. 당신의 말과 행동에 의미를 부여하게 된다. 여기까지 왔다면 끝난 거다. 그녀는 이미 당신의 노예가 된 것이다.

물론 말처럼 쉽지는 않다. 사랑하니까 소중하게 여기는 건데, 소중하게 여기지 말라면 사랑하지 말라는 뜻이 아닌가. 사랑이라는 감정은 내 의지로 선택할 수 없는 본능의 끌림인데 어떻게 그걸 마음대로 억제하겠는가. 하지만 여기에도 해법은 있다. 한계 효용의 법칙을 이용하면 된다. 익숙해져서 질리게 만들면 된다. 포르쉐나 벤틀리를 처음 타보면 짜릿하겠지만 몇 달만 지나면 익숙해질 것이다. 여자도 마찬가지다. 여자를 처음 만났을 때는 여신이나 요정처럼 신비롭고 완전무결한 존재로 보인다. 하지만 이 여자 저 여자 만나다 보면 질린다. 내가 사랑하던 그녀가 조금이라도 내게 화를 내거나 실망한 기색을 보이면 처음에는 하늘이 무너진 것만 같은 기분이 들지만 여러 여자를 겪다 보면 '하아, 얘도 똑같네. 이젠 지긋지긋하다.' 하게 된다.

그런 점에서 나이트클럽은 플러팅 스킬을 익히기에 최적화된 장소다. 나이트클럽은 오프라인 공간이면서 온라인의 익명성이 적용되는 기묘한 공간이다. 어두운 조명은 우리의 외모를 제대로 식별하지 못하게 해주고, 시끄러운 음악 소리는 진지한 대화나 의사소통을 하지 못하게 한다. 서로가 서로에게 소중한 사람이 될 기회를 원천 차단한다. 그렇기 때문에 이 공간에서는 다들 평소보다 용감해진다. 다시 볼 일 없는 사람에게 굳이 신사다운 척, 매너를 지킬 필요가 없으니 주저 없이 수위 높은 플러팅을 날리고 스킨십을 시도하게 된다. 그러다 보면 하나씩 얻어걸릴 때가 있다. 연락처를 딸 수도 있고, 운이 좋으면 원나잇을 할 수도 있다. 그러다 보면 무뎌진다. 내 앞에 앉아 있는 여자가 신비롭고 고귀한 존재가 아니라 예전에 만났던 어떤 여자와 하나도 다를 바가 없는 흔해 빠진 여자들 중 하나로 보이기 시작한다. 그런 생각이 들 때쯤이면 이제 당신도 연애 고수가 되어 있을 것이다.

하지만 모태솔로들에게 나이트클럽에 가는 걸 추천하지는 않는다. '섹스에는 사랑이 깃들어 있어야 한다거나, 감정적 교감이 없는 섹스는 오히려 우리의 영혼을 황폐하게 만든다거나, 하는 도덕 교과서에나 나올 법한 소리를 늘어놓으려는 건 아니다. 사랑하는 사람과의 섹스만큼은 아니더라도 섹스는 그 자체로 감각적인 쾌락을 느끼게 해줄 수 있다. 함께 밤을 보낼 여자를 찾는 남자들로 번화가의 술집들이 매주 금요일마다 불야성을 이루는 건 아마 그 때문일 것이다. 그럼에도 내가 나이트클럽을 권하지 않는 건, 나이트클럽이라는 장소가 그들의 성향과 맞지 않을 가능성이 크기 때문이다. 나이트클럽이나 헌팅 포차에 가는 건 모태솔로들에게 분명 이롭다. 여자에 대한 울렁증을 극복하게 해주는 훈련소 역할을 할 수 있다. 하지만 모든 건 반복적인 학습이 중요하다. 습관처럼 몸에 배어서 자연스럽게 흘러나오게 해야 한다. 나이트클럽도 마찬가지다. 일주일에 한 번씩은 가야 한다. 그래야 실력이 는다. 하지만 모태솔로, 특히 자책형 모태솔로들은 그러기가 어렵다. 그들은 대개 내향적이다. 사람이 많고 시끄러운 곳에 가면 기가 빨린다. 처음 몇 분 동안에야 여자들에게 열심히 플러팅을 날리겠지만 금방 시무룩한 표정으로 멍하니 앉아 있게 된다. 그들은 이 공간 자체를 즐기지 못한다. 웨이터가 끌고 온 여자가 내 옆에서 똥 씹은 표정을 짓고 있는 것도, 막내 이모뻘은 될 법한 여자한테 예쁘다며 아양을 떠는 것도, 심지어 그런 여자들에게조차 거절당하는 것도. 빈손으로 나이트를 나와서 24시 국밥집에서 친구와 "아, 오늘 물 진짜 구리네. 앞으로 나이트 다시 오나 봐라." 하면서 구시렁대는 것도 자책형 모솔남들에게는 썩 즐거운 경험이 아니다. 그래서 찾지 않게 된다. 나이트클럽에서 플러팅 스킬을 익히려면 나이트클럽 자체를 좋아해야 한다. 굳이 여자 때문이 아니더라도 이곳의 시끌벅적한 음악과 뿌연 담배 연기, 허탕 치고 빈손으로 집에 돌아갈 때의 허탈함을 즐길 줄 알아야 한다. 그래야 자주 올 수 있고, 실력이 늘 수 있다. 그게 안 된다면 시간 낭비, 돈 낭비일 뿐이다. 모태솔로들에게 나이트클럽을 추천하지 않는 이유는 이것이다.

⑤ **소개팅 어플**

말 그대로 연애를 하고 싶어 하는 남녀를 짝지어주는 어플리케이션이다. 어플마다 약간의 차이는 있지만 대략 이런 프로세스로 진행된다. 회원 가입을 하고 사진과 기본적인 신상 정보를 등록하면 어플리케이션이 주기적으로 이성의 프로필을 보내준다. 프로필을 보고 만나서 이야기를 해보고 싶은 마음이 든다면 캔디나 튤립, 하트 같은 사이버 머니를 써서 호감 표현을 보내고 상대방도 내 제안을 수락하면 대화방이 열린다. 여기부터는 일반적인 소개팅과 같다. 날짜와 장소를 잡고, 만나면 된다.

소개팅 어플의 가장 큰 장점은 좋은 가성비다. 돈이 거의 들지 않는다. 소개팅 어플에는 과금 요소들이 있다. 프로필을 열어볼 때도 돈을 내고, 관심 있는 상대에게 호감 표현을 할 때도 돈을 내고, 나에게 호감 표현을 한 사람이 누구인지 확인해 볼 때도 돈을 내야 한다. 이 모든 단계들이 심리적 장벽으로 작용한다. 그래서 마치 돈을 많이 쓴 것만 같은 기분이 든다. 하지만 막상 계산을 해보면 얼마 안 한다. 튤립이나 캔디 하나에 몇백 원, 비싸야 천 원 내외다. 회당 30만 원을 내고 결혼 정보 회사에 가입하거나 20만 원을 내고 나이트클럽에서 룸을 잡고 양주를 마시는 것에 비한다면 거저나 다름없다.

하지만 단점도 있다. 매칭률이 극악이다. 여러 차례 강조했듯 남자가 여자를 만나고 싶어 하는 만큼 여자는 남자를 만나고 싶어 하지 않는다. 그래서 남녀가 만나는 대부분의 장소들은 남자가 절대다수를 이룬다. 나이트나 클럽도 그렇고, 동호회도 그렇다. 하지만 소개팅 어플의 성비는 그중에서도 극악이다. 보증인이 없다는 점 때문이다. 결혼 정보 회사에 가입할 때는 소득 증명서와 재직증명서를 제출해야 한다. 직업이나 자산을 부풀릴 가능성이 원천 차단된다. 일반적인 소개팅을 할 때는 주선자가 재직증명서나 소득증명서 같은 공문서를 대신하여 양측의 신원을 보증 해주는 역할을 한다. 주선자가 믿을 만한 사람이라면 그를 통해 소개팅에 나온 상대방도 믿을 만한 사람이라고 추측할 수 있다. 소개팅 어플에는 그런 게 없다. 인플루언서나 잘생긴 친구 사진을 올릴 수도 있고, 전문직이 아니면서 전문직인 척할 수도 있다. 이런 불확실한 만남을 했을 때 더 큰 손해를 보는 건 대개 여지다. 남자에게 발생할 수 있는 최악의 상황은 기껏해야 사진보다 많이 못생긴 여자가 나오는 정도지만 여자는 더 위험한 일들을 겪게 될 수도 있다. 그래서 여자들은 소개팅 어플을 잘 안 한다. 그래서 소개팅 어플의 매칭률은 극악의 극악이다. 아무리 눈을 낮춰도 끝이 없다. 수십 수백 명에게 하트를 보내도 한 명 정도 답장이 올까 말까다. 어쩌다 매칭이 되어도 두어 마디 호구 조사를 하다가 대화방을 나가버린다. 미팅 날짜와 장소까지 잡아놨는데 당일에 잠수를 타버리는 일도 허다하다. 그 모든 일들이 모솔남의 자존감을 깎아 먹는다. 거절을 당하고, 기대했다가 실망하고 상처를 받는 일이 반복되다 보면 소개팅 어플에 환멸감을 느끼게 된다. 그래서 돈은 몇 개월 치를 결제해 놓고 일주일을 채 넘기지 못한다. 나도 그랬다.

경제학에서는 이런 문제를 '그레샴의 법칙'이라는 개념으로 설명한다. 시장에서의 신뢰가 사라지면서 매물의 질도 점점 떨어지고, 이로 인해 시장의 신뢰가 더욱 하락하는 악순환을 의미한다. 중고차 시장을 예로 들어보자. 중고차 시장에서 판매자는 구매자에 비해 정보 우위를 갖고 있다. 판매자는 매물의 연식이나 주행거리, 고장과 사고 이력 등에 대해 정확히 알고 있지만 구매자는 모른다. 물론 양심적으로 좋은 중고차를 판매하는 딜러들만 있다면 좋겠지만 사람 마음이란 게 그렇지 않다. 연식이나 주행거리를 속이고 사고 이력을 조작해서 원래 시세보다 비싸게 팔려는 딜러들이 생겨나게 된다. 이런 딜러들이 많아지면 구매자들은 딜러를 믿지 못하게 된다. 리스크를 최대한 줄이기 위해서 가격이 싼 차만 찾게 된다. 결국 좋은 차를 합리적인 가격에 팔던 양심적 딜러들은 일을 그만두게 된다. 시장에는 사기꾼들만 남는다. 이러한 악순환으로 인해 오염되어 버린 시장을 경제학 용어로 레몬[12] 마켓이라고 부른다.

소개팅 어플에서도 비슷한 일이 벌어진다. 비용이 저렴하고 별다른 검증을 거치지도 않으니 가볍게 여자를 만나려 하는 남자들이 유입되고, 여자들은 그런 남자를 원하지 않기 때문에 가입을 하지 않는다. 극악의 성비로 인해 매칭률은 떨어지고, 진중한 연애를 원하는 소수의 남자들마저 실망해서 떨어져 나간다. 그 성비를 뚫고 어떻게든 여자와 원나잇을 해보려는 남자들만 남게 된다. 결국 여자들은 더 줄어든다.

각 어플들은 다양한 방식으로 이 문제에 대한 해결책을 제시한다. 스카이피플이나 골드스푼, 블릿은 사기꾼들을 쫓아내고 매물의 질을 높임으로써 소비자들의 신뢰도를 높이는 방법을 택한다. 스카이피플은 고학력 남자들을, 골드스푼은 자산이 많은 남자들을 타깃으로 한 소개팅 어플이다. 스카이피플에 가입하려면 학력을, 골드스푼은 연봉이나 자산을 인증해야 한다. 블릿은 직장인 익명 커뮤니티인 블라인드와 연동된 소개팅 어플이기 때문에 직장을 인증해야 한다. 좋은 직장에 높은 연봉을 받는 고학력 남자를 만날 수 있으니 자연히 예쁜 여자들이 많이 가입하게 된다. 나는 별로 좋은 스

[12] 미국에서 저품질 중고차를 가리키는 은어.

펙을 가진 남자가 아니라서 이용해 본 적이 없으나 주변 지인들의 말에 따르면 스카이피플보다도 골드스푼에 예쁜 여자들이 제일 많다고 한다. 역시 학력보다는 돈이 우선인가 보다.

  스펙보다는 진정성을 무기로 하는 어플도 있다. 튤립이 대표적이다. 이 어플에 가입하기 위해서는 가치관에 대한 수십 개의 질문에 응답해야 한다. 부모가 반대하는 결혼을 할 수 있는지, 배우자의 휴대폰을 보는 것을 어떻게 생각하는지 등등 연애에 대한 제법 심도 있는 질문들에 응답해야 한다. 그리고 자기소개를 적어야 한다. 물론 다른 어플에서도 자기소개를 하지만 여기서는 좀 더 심층적이다. 키나 몸무게, 직업 등 단순 스펙만 나열하는 다른 어플들과 달리 여기서는 마치 한 편의 에세이를 쓰듯 자기가 어떤 매력을 가졌고 어떤 사랑을 하고 싶은지에 대해 설득력 있게 표현해야 한다.

  한편 '그레샴의 법칙'을 극복하기보다 받아들이길 택한 어플도 있다. 틴더가 대표적이다. 여기서는 직장도, 자산도, 학력도 검증하지 않는다. 그렇다고 튤립처럼 심층적인 질문에 응답하게 하지도 않는다. 사진을 도용해도, 스펙을 부풀려도 아무 상관이 없다. 그래서 온갖 어중이떠중이들이 몰려든다. 그래서 여자가 적다. 대부분의 소개팅 어플이 남초지만 틴더는 특히 더 심하다. 그 대신 정액제다. 다른 어플들은 튤립이나 하트, 캔디 같은 사이버 머니를 사서 호감 표현을 보내고 이성의 프로필을 조회할 때마다 조금씩 차감하는 구조지만 여기서는 정해진 금액만 내면 무제한으로 호감 표현을 보낼 수 있다. 그러니 여자의 프로필을 제대로 볼 필요도 없다. 어차피 무제한이니 그냥 아무한테나 호감을 보내면 된다. 나도 그렇게 했다. 똥을 싸면서도, 운전을 하면서도, 거래처 미팅을 하면서도 한 손으로는 틴더에서 스와이프 버튼을 누르고 있었다. 여자들이 올려놓은 사진이나 자기소개는 보지도 않았다. 물론 성과는 절망적이었다. 그래도 잘생기고 체격이 좋다면, 매칭이 될 때까지 무한정 스와이프를 누를 자신이 있다면 이 어플을 쓰는 것도 괜찮다.

소개팅 어플을 할 땐 이러한 어플들의 특성을 고려해야 한다. 스펙이 좋다면 골드스푼이나 블릿이 좋고, 잘생겼다면 틴더가 좋다. 글을 잘 쓸 자신이 있다면 튤립도 좋다. 물론 어딜 가도 쉽지는 않을 것이다. 소개팅 어플에 대한 여자들의 인식 자체가 좋지 않으니 말이다. 너무 큰 기대는 하지 말고, 내 장점을 가장 잘 살릴 수 있는 어플을 하나쯤 찾아서 활동을 해보도록 하자.

⑥ **헌팅**

소개팅 어플이나 로테이션 소개팅이 가성비가 좋다면, 헌팅은 가성비가 무한대다. 가격 대 성능비를 수학적으로 표현한다면 성능/가격이다. 가격이 줄어들거나 성능이 좋아질수록 가성비는 높아진다. 그런데 헌팅은 공짜다. 가격대가 무한정으로 작다. 그렇기 때문에 헌팅의 가성비는 무한대다.

  매칭률도 높다. 물론 쉬운 건 아니다. 당신이 185cm 근육 헬창 존잘남이 아니라면 처음 말을 걸었을 때 여자들의 80% 이상은 당신을 도밀걸[13]만도 못 한 시선으로 쳐다볼 것이다. 그 경멸 어린 시선에 제일 멋진 옷에 멋진 헤어스타일을 하고 호기롭게 집을 나온 당신의 열정은 금방 사그라들게 될 것이다. 하지만 그 단계만 통과하면 매칭률이 비약적으로 상승한다. 여자가 남자에게 연락처를 줬다는 건 남자의 첫인상에 후한 점수를 주었다는 뜻이다. 그리고 그 첫인상은 쉽사리 바뀌지 않는다. 인간에게는 확증 편향성이 있기 때문이다. 인간의 생존 본능은 연비가 안 좋은 기관인 뇌를 자주 쓰는 걸 좋아하지 않는다. 첫인상이 좋았던 사람으로부터는 긍정적인 정보만을, 안 좋았던 사람으로부터는 부정적인 정보만을 받아들여서 에너지 소비를 최소화하려 한다. 그렇기 때문에 일단 여자가 우리의 첫인상을 좋게 평가했다면, 그래서 우리에게 연락처를 줬다면 이후에는 보다 수월하게 여자와의 관계를 진전시켜 나갈 수 있다.

13    길거리에서 '도를 믿으십니까?' 라고 물으며 말을 거는 여자

내 마음에 드는 여자를 취사 선택할 수 있다는 장점도 있다. 남자가 여자를 보는 기준 중에 가장 중요한 건 단연 외모다. 하지만 연애를 하기 위한 대부분의 방법들은 랜덤 뽑기다. 예쁜 여자가 나오리라는 보장이 없다. 나이트클럽에 가도 오늘 물이 좋을지 안 좋을지를 알 수 없고, 소개팅을 해도 사전에 사진을 교환하지 않는 이상 여자가 예쁜지 알 길이 없다. 설령 사진을 교환하더라도 사진과 실물이 다를 가능성을 배제할 수 없다. 하지만 헌팅은 보장된다. 내가 직접 얼굴을 보고 마음에 들면 다가가서 말을 거는 것이기 때문이다. 안 예쁘면 헌팅을 안 하면 되기 때문이다.

거절에 무뎌지는 연습도 할 수 있다. 남자의 연애는 거절의 연속이다. 99%의 거절 속에서 1%의 기적을 찾는 게 남자의 연애다. 그렇기 때문에 남자는 거절에 상처받지 말아야 한다. 매번 좌절하고 상처받고 스스로의 가치를 의심한다면 계속해서 시도할 수 없다. 헌팅은 이런 측면에서 유용하다. 단돈 백 원도 쓰지 않고 하루에 열 명의 여자들에게 거절을 당해볼 수 있다. 그렇게 해보면 알게 된다. 거절당하는 건 생각보다 별일이 아니다. 너 따위 하급 남자가 나에게 감히 말을 거냐며 여자가 들고 있던 아이스 아메리카노를 내 얼굴에 뿌려버리는 일도, 경찰서에 끌려가는 일도, 내가 여자에게 말을 거는 걸 누가 옆에서 동영상으로 찍어서 유튜브에 뿌리는 일도 생기지 않는다. 대부분은 죄송하지만 남자 친구가 있어서 어려울 것 같다며 웃으며 거절한다. 계속해서 들러붙고 귀찮게 군다면 험한 꼴을 보게 될 수 있겠지만 보통은 이 정도 반응이다. 우리가 상식적으로 행동한다면 여자들도 대개는 상식적으로 행동한다. 이걸 알게 된다면 남녀 관계에 좀 더 대담해질 수 있다. 어차피 별로 잃을 것도 없으니 과감하게 행동하게 되고, 그만큼 연애는 쉬워진다.

  이처럼 헌팅은 여러 가지 측면에서 유익하다. 연애를 하기 위한 방법들 중 가장 바람직하다고 할 수 있을 정도다. 하지만 유일한 단점이 있다. 지속성이 떨어진다는 것이다. 막상 해보면 어려울 건 없다. 심혈을 기울여 멘트를 짤 필요도 없다. '오늘 날씨가 좋네요', '강남역 4번 출구는 어떻게 가야 하나요?' 같은 쓸데없는 쿠션어를 붙일 필요도 없다. 그냥 단도직입적으로 '제 스타일이신데 연락처 좀 알려주실 수 있으신가요?'라고 하면 된다. 어차피 어떤 멘트를 쓴다고 해도 확률은 크게 달라지지 않는다. 확률은 멘트에 달린 게 아니라 우리의 외모와 피지컬에 달렸다. 설령 거절을 당한다고 해도 문제 될 건 없다. 그냥 죄송합니다, 수고하세요, 하고 가던 길 가면 된다. 하지만 막상 하려면 귀찮다. 헌팅을 하기 위해 옷을 차려입고 번화가에 나오는 것부터가 상당히 귀찮고 피곤한 일이다. 여자에게 거절당해도 별문제가 생기지 않는다는 건 알지만 그래도 말을 걸기 전에는 통 엄두가 나지 않는다. 그래서 한두 번 해보고 그만두기 쉽다. 그래서는 여자의 연락처를 얻어낼 수도, 거절에 무뎌지는 법을 배울 수도 없다.

그렇기 때문에 헌팅을 하려면 친구와 함께하는 게 좋다. 여자한테 말을 걸지 못하고 쭈뼛대거나 "에이, 내 스타일 아니었어. 다음에 예쁜 애 나오면 할 거야."라고 핑계를 댈 때 나의 등을 떠밀어주고, 번호를 따는 데 성공했을 때 같이 내 일처럼 기뻐해 주며 텐션을 높여줄 누군가가 필요하다. 마치 웨이트트레이닝을 할 때 옆에서 숫자를 세고 중량 보조를 해줄 사람이 필요한 것처럼 말이다. 지속성만 담보할 수 있다면 헌팅은 연애를 하기 위한 가장 좋은 방법이다.

### ⑦ 데이팅 예능 출연

필자는 나는 솔로 출연자다. 2021년에 〈나는 솔로〉 4기에 출연했고, 4년이 지난 올해에는 〈나솔사계[14]〉에 다시 한 번 출연했다.

이 프로그램의 위상이 워낙에 높아지다 보니 출연을 진지하게 고려하는 사람들도 점점 많아지는 것 같다. 목요일 아침 출근길에 회사 엘리베이터에 타면 꼭 어제 〈나는 솔로〉 봤냐며 이야기를 꺼내는 사람들이 한둘쯤은 있다. 연애나 결혼을

---

14 나는 솔로 사랑은 계속된다의 준말.

하지 못하고 있는 친구가 있으면 주변 사람들이 〈나는 솔로〉 나가보라는 이야기를 농담 반 진담 반으로 꺼내기도 한다.

하지만 두 번씩이나 나가본 사람의 입장에서 말한다면, 〈나는 솔로〉 출연은 결혼을 하기에 좋은 방법이라 말하기 어렵다. 출연을 후회하는 건 아니다. 개인적으로는 대단히 즐거운 경험이었다. 〈나는 솔로〉는 사랑만을 위해 만들어진 공간이다. 이곳에서는 직장도, 가족이나 친구들과의 관계도 신경 쓸 필요가 없다. 이곳에서 해야 할 건 단 하나, 내게 어울리는 짝을 찾고 그 짝에게 내 매력들을 보여주는 일뿐이다. 그래서 나는 이곳에서의 경험이 너무나 즐거웠다. 소심하고 내성적이고 걱정이 많던 나에게는 앞뒤 재지 않고 어렴풋한 감정 하나만 믿고 돌진해 보는 경험 자체가 너무나 새롭고 소중했다. 그 과정에서 내가 미처 알지 못했던 나의 매력과 장점들도 많이 발견하게 되었다.

그 경험들이 방송을 통해서 많은 사람 앞에 공개된다는 것도 너무나 재밌는 경험이었다. 돈이 많지도, 얼굴이 잘생기거나 키가 크지도 않은, 나같이 평범한 사람이 세상의 중심에서 두 달 동안이나 스포트라이트를 받아볼 일이 언제 또 벌어지겠는가. 물론 좋은 일만 있었던 건 아니다. 사소한 실수들로 인해 사람들의 구설에 오르고, 외모나 직업, 성격에 대한 노골적인 비하와 품평을 듣는 건 분명 고통스러운 일이었다. 그럼에도 불구하고 생각해 보면 실보다는 득이 더 많았던 것 같다. 평생에 다시 해보지 못할 즐거운 경험이었다.

하지만 그렇다고 해서 〈나는 솔로〉 출연이 결혼에 도움이 된다고 생각하지는 않는다. 먼저, 〈나는 솔로〉의 본질은 결혼이 아니기 때문이다. 이상하게 들릴 것이다. 〈나는 솔로〉의 본질이 결혼이 아니라고? 지금까지 결혼 커플이 몇 커플 나왔는데? 출연진들도 다들 결혼하고 싶어서 나온 것 같던데? 하지만 내 말이 맞다. 이 프로그램의 본질은 출연자들의 결혼이 아니다. '결혼에 대한 쇼'다. 만약 이 프로그램이 결혼 정보 회사에서 운영하는 거라면, 카메라도 없이 미혼 남녀들을 분위기 좋은 여행지에 데려가서 커플 매칭을 해준다면 그건 결혼에 대한 프로그램이라 말할 수 있을 것이다. 결혼 정보 회사는 회원들이 결혼을 해야 매출이 발생하는 구조이기 때문에 이들은 어떻게든 회원들을 결혼시키기 위해 최선을 다할 것이다. 하지만 〈나는 솔로〉는 다르다. 출연진들이 결혼을 해야 돈을 버는 게 아니다. 재밌어야 돈을 번다. 그게 우선이다. 매 기수마다 '빌런'이 몇 명씩 끼어 있는 건 그래서다. 결혼 생활에 적합한 다정다감하고 젠틀하고 가정적인 남자, 사치스럽지 않고 남자를 존중할 줄 아는 여자가 나온다면 결혼 커플은 늘어날 것이다. 하지만 그만큼 재미가 없어질 것이다. 몸에 좋은 약은 입에 쓰고, 마라탕이나 떡볶이는 맛있지만 몸에는 해롭듯, 사람들은 원래 상식적이고 건전하고 착한 사람들을 보고 재미있어하지 않는다. 채널을 돌리게 된다. 그래서 방송에는 빌런이 필요하다. 누군가를 비난하면서 자기의 우월성을 확인하고 싶어 하는 인간의 비열한 본능을 충족시켜 줄 욕받이가 필요하다. 혹여 내가 그 대상이 된다면 혼삿길은 더 멀어질 수도 있다.

두 번째 이유는 디엠이다. 〈나는 솔로〉에 나가면 인스타 팔로워가 단기간에 급증한다. 그에 비례하여 이성으로부터의 디엠도 많이 받게 된다. 방송에 비친 내 모습을 비난하는 디엠도 있지만 그중에는 나를 만나고 싶다며 호감을 표현하는 디엠들도 있다. 하지만 대개는 영양가가 없다. 일단 남자의 입장에서는 디엠의 양과 질이 부족하다. 앞에서 수차례 말했듯, 대부분의 연애는 남자 주도로 시작된다. 먼저 연락처를 따고 데이트 신청을 하는 것도, 나의 유머와 재력과 사회성과 남자다움을 보여주는 것도, 돈을 내는 것도 다 남자의 몫이다. 여자가 할 일은 가만히 앉아서 남자를 평가하는 것뿐이다. 그런데 그 쉬운 길을 두고 굳이 TV에서 처음 본 남자에게 디엠을 보낸다고? 솔로지옥의 덱스나 하트 시그널의 김현우 같은 알파 메일도 아니고 나 같은 밑바닥 겉절이 출연자에게? 그런 여자는 대개 그럴 만한 이유가 있는 경우가 많다. 외모나 사회성, 매력이 차고 넘치는 여자가 굳이 잘 나가는 남자들을 두고 나처럼 평범한 남자에게 먼저 아쉬운 소리를 하며 접근을 할 이유가 별로 없다.

한편 여자 출연자의 입장에서는 리스크 관리가 쉽지 않다. 정말 키가 크고 잘생긴 출연자가 아니라면 남자들은 디엠을 많이 받지 못한다. 하지만 여자들은 다르다. 디엠이 정말 많이 온다. 그중에는 매력적인 남자들도, 배경이 좋은 남자들도, 진심으로 여자를 아껴줄 준비가 되어 있는 남자들도 있다. 그걸 잘 활용한다면 평생의 배우자를 만날 수도 있다. 하지만 그게 말처럼 쉽지 않다. 디엠을 통해 여자를 만났을 때 남자가 겪을 수 있는 최악의 상황은 무엇이 있을까? 끽해야 사진에 비해 여자의 실물이 너무 못생긴 정도밖엔 없을 것이다. 나보다 15cm 작고 20kg 덜 나가는 존재가 감히 나를 해칠 수는 없을 것이다. 나를 모텔로 유인해서 수면제를 먹이고 장기를 털어가는 범죄 영화의 한 장면 같은 일이 벌어지지 않는다면 말이다. 하지만 여자의 입장은 다르다. 위험하다. 무슨 일을 당할지 모른다. 전문직이나 사업가 프로필이 거짓일 수도 있고, 스토커나 성범죄자, 데이트 폭력 가해자를 만날 수도 있다. 그렇기 때문에 디엠을 통한 만남은 남자에게나 여자에게나 별로 유익하지 않다. 남자는 디엠이 안 와서 문제고, 여자는 디엠이 오긴 하는데 영양가가 없어서 문제다.

　세 번째 이유는 너무 재밌다는 점이다. 세상사에는 공짜가 없다. 원하는 걸 얻으려면 그에 상응하는 대가를 지불해야 한다. 결혼을 하면 안정적인 생활을 얻을 수 있다. 평생 내 곁을 지켜줄 짝과 평생 한 침대에서 잠에 들고 한 식탁에서 밥을 먹으며 살아갈 수 있다. 인간이 살아가며 누릴 수 있는 행복 중 이보다 큰 건 아마 없을 것이다.
　하지만 여기에도 대가는 있다. 재미다. 한 여자의 남편이 되려면 그 여자를 제외한 나머지 모든 여자들과 짝짓기를 할 기회들을 포기해야 한다. 월급의 90%를 마누라에게 갖다 바치고 한 달에 30만 원이 안 되는 용돈을 받으며 궁상맞게 생활해야 한다. 이제는 후배들 앞에서 쿨하게 술 한 잔을 살 수도 없고, 사고 싶은 옷을 살 수도 없고, 골프나 해외여행, 자동차 같은 비싼 취미를 즐길 수도 없다.
　그런데 〈나는 솔로〉는 반대다. 여기에 나가면 인생이 더 재미있고 다이나믹해진다. 길을 걷다 우연히 마주친 사람들이 날 알아보고 사진을 찍어달라 하고, 별것 아닌 사소한 행동이 인터넷 뉴스나 이슈 유튜버들의 화젯거리가 된다. 방송으로만 보던 다른 출연진들을 직접 만나게 된다. 하지만 인생이 재밌어지는 만큼 결혼은 더 멀어지게 된다. 실제로, 방송에 나간 뽕맛을 못 잊어서 몇 년째 현실로 돌아오지 못하고 인플루언서를 꿈꾸며 낭인으로 살아가는 출연자들이 적지 않다.

그렇기 때문에 내 주위에 진지한 연애, 그리고 그 연장선에 있는 결혼을 꿈꾸는 사람이 있다면, 그가 내게 〈나는 솔로〉에 나가보고 싶다고 말한다면 나는 그를 말릴 것이다.

|  | 신원보증 | 가성비 | 매칭률 | 총평 | 비고 |
|---|---|---|---|---|---|
| 소개팅 | ★★★★ | ★★★ | ★★★★ | ★★★★ | 가장 무난하고 정석적 |
| 로테이션 소개팅 | ★★★ | ★★★★ | ★★ | ★★★ | 스펙 상향 평준화로 매칭 어려움 |
| 결혼 정보 회사 | ★★★★★ | ★ | ★★ | ★★ | 잔여 횟수에 따라 마인드가 달라짐 |
| 나이트 클럽 | ★ | ★★★ | ★ | ★★ | 플러팅 연습하기에 좋음 |
| 소개팅 어플 | ★★ | ★★★★ | ★ | ★★ | 극악의 매칭률. 나의 성향에 맞는 어플을 택하는 게 관건. |
| 헌팅 | ★ | ★★★★★ | ★★★ | ★★★ | 지속적 훈련이 필요 |
| 〈나는 솔로〉 출연 | ★★★★ | ★★★★★ | ★★★ (DM 포함) | ★★★ | 인생 경험으론 좋으나 결혼 목적으로는 부적합 |

4장

3

# 남들 다 하는 연애, 왜 우리한테만 어려운 걸까?

앞서 나는 자책형 모솔들이 모태 솔로의 굴레를 벗어나기 위한 방법을 확률과 횟수라는 두 가지 개념으로 설명했다. 연애를 할 확률을 높이기 위해 외모를 가꾸고 사회적 지위를 높이라 했다. 그리고 좋은 여자들을 더 많이 만날 수 있는 다양한 방법들을 소개했다.

하지만 제일 중요한 건 지금부터다. 자책형 모솔들이 연애를 하지 못하는 건 애초에 외모가 못나고 성격이 못돼서가 아니다. 주변에 좋은 여자들이 없어서도 아니다. 가장 큰 문제는 마인드다. 보통의 남자들은 매력적인 여자를 보면 본능적 끌림을 느낀다. 자기의 장점과 매력, 진심을 보여줘서 그녀의 마음을 열려 노력한다. 그런데 자책형 모솔들은 다르다. 그들은 두려움을 느낀다. 그리고 도망치려 한다. 친구인 척하며 곁에 머물려 하거나 주변에 다른 잘생긴 친구한테 소개를 해주려 한다. 그렇게 남자로서 자기의 본능을 숨기고 여자의 곁을 위성처럼 맴돈다.

그게 문제다. 일단 들이대야 한다. 여자를 두려워하지 말아야 한다. 자신의 욕망을 직시하고 그 욕망을 실현하기 위한 현실적 대책을 강구해야 한다. 이 글에서는 연애에 대한 당신들의 마인드를 바꾸기 위한 방법을 세 가지 소개하려 한다.

**1**

# 밀당하지 마라, 연애는 원래 남자가 져주는 법이다

팀원: 저 ○○시 쪽에 매달 천만 원씩 매출 나오는 거래처가 있는데 매달 50만 원씩 회식비를 지원해주면 우리 물건 쓰겠다고 합니다.

팀장: 매달? 매달은 어렵지.

팀원: 다른 회사는 다해준다는데요? 저희 제품이 더 비싼데 이런 거라도 해주지 않으면 거래처 입장에서 저희 제품 써줄 이유가 없지 않습니까?

팀장: 더 비싸도 우리 걸 쓰게 만드는 게 네 실력이지. 무조건 가격 싼 제품으로 사려면 인터넷에서 최저가 검색해서 사면 되지 영업사원이 왜 있어?

팀원: 그렇게 따지면 저쪽 영업사원은 바보인가요? 제품 설명이나 고객 관리는 영업사원이라면 누구나 당연히 하는 거고, 그걸로도 부족하니까 회식비 지원이라도 해주는 거 아닌가요?

팀장: 그럼 너는 딱 거기까지인 거야. 너, 평생 업계에서 제일 싼 제품만 팔 거야? 불리한 상황에서도 어떻게든 실적을 끌어내면서 네 실력이 늘어나는 거라고.

영업사원과 팀장 사이에서 흔히 일어나는 대화다. 이 대화에서 고객과 영업사원의 관계는 남자와 여자의 관계에도 대입될 수 있다. 제약 업계에서 영업사원은 의사에 비해 을이듯, 대부분의 남자는 대부분의 여자에 비해 을이다. 남자는 여자를 간절히 원하지만 여자는 그 정도로 남자를 원하지 않기에, 아쉬운 놈이 숙이고 들어가는 건 인간의 본능이요 세상의 이치이기에.

그런데 간혹 이러한 세상의 이치를 거부하는 별종들이 있다. 을인 영업사원 주제에 갑인 의사들을 자기 페이스대로 휘두르는 영업사원이 있다. 의사에게 술 접대를 해주거나 주말에 같이 골프를 치러 나가지 않으면서도 매일 같이 간식거리를 사 들고 다니는 영업사원, 리베이트를 찔러주는 영업사원들보다 더 앞서나가는 영업사원이 있다.

남자들 중에도 그런 부류가 있다. 여자를 분위기 좋고 근사한 레스토랑에 데리고 가지도, 명품 백을 선물하지도, 집까지 바래다 주지도 않으면서도 여자의 마음을 얻는 남자들이 있다. 자기 하고 싶은 대로 다 하는데도 매번 져주고 배려해주는 남자들보다 더 쉽게 여자의 마음을 얻고 관계를 주도하는 남자들이 있다.

그건 옳은 길이다. 원장에게 리베이트를 쥐어주는 건 쉬운 길이다. 세상에 돈 싫어하는 사람 없다. 경쟁사 영업사원은 매달 100만 원을 주는데 내가 200만 원을 준다면 당연히 원장은 우리 회사 제품을 써줄 것이다. 하지만 그건 모래 위의 성이다. 쉽게 얻은 만큼 쉽게 잃는다. 다른 회사 영업사원이 300만 원을 준다면 원장은 결국 그 영업사원에게 넘어가게 될 것이다. 그렇기에 실력을 키워야 한다. 돈이 아니라 나라는 사람과 우리 회사의 제품을 믿고 쓰게 만들어야 한다. 그건 오래 간다. 나보다 더 많은 돈을 줄 수 있는 영업사원은 얼마든지 있지만 우리 회사와 나라는 인간은 세상에 하나뿐이기에.

하지만 세상에는 옳은 길을 가는 것보다 더 중요한 게 있다. 살아남는 것이다. 리베이트를 쥐어주고, 주말마다 골프 접대를 하고, 자녀들 등교를 시켜주는 걸 좋은 영업방식이라고 할 수는 없다. 하지만 영업사원의 존재 목적은 '좋은 영업'을 하는 게 아니다. 실적을 내는 것이다. 좋은 영업을 해서 실적을 낼 수 있다면 정말 좋겠지만 그건 아무나 할 수 있는 게 아니다. 회사의 인지도도 있어야 하고 제품력도 좋아야 하고 운도 따라야 한다. 물론 외모와 화술도 뛰어나야 한다. 당장의 노력으로 어찌할 수 있는 게 아니다. 하지만 실적은 당장 내야 한다. 밥값을 하지 못하는 영업사원은 상사들에게 질책을 받고 인사고과에서 불이익을 받게 된다. 그러니 수단과 방법을 가리지 않고 원장이 우리 제품을 쓰게 만들어야 한다. 물론 그 끝은 좋지 않을 것이다. 더 많은 돈을 주는 경쟁사 영업사원에게 거래처를 뺏길 수도 있고, 리베이트 쌍벌죄에 걸려서 처벌을 받을 수도 있다. 하지만 좋은 영업만을 고집하면 그 '끝'까지 갈 수조차 없다. 살아남으면 후일을 기약할 수 있지만 죽으면 그걸로 끝이다.

남녀 관계도 마찬가지다. 마냥 잘해주기만 하려는 놈들은 차고 넘친다. 그래서 차별화가 안 된다. 결국에는 더 많은 돈과 시간과 에너지를 쓸 수 있는 놈이 이긴다. 그렇게 얻어낸 여자의 마음조차도 얼마 지속되지 못한다. 내가 가진 걸 잃었을 때, 나보다 더 잘난 놈이 나타났을 때 여자는 나의 곁에 머물지 않는다. 여자는 나라는 인간이 아니라 내 돈, 그리고 그 돈으로 누릴 수 있는 편안하고 화려한 생활을 사랑했던 것이기에. 인터넷 커뮤니티에 떠도는 '퐁퐁남 썰'은 그렇게 탄생한다.

그래서 픽업 아티스트나 연애 유튜버들은 여자한테 잘해주지 말라고 한다. 돈이나 선의, 배려가 아니라 남자로서의 원초적 매력으로 승부하라고 한다. 그런데 그게 말처럼 쉽나? 큰 키와 건장한 체격, 묵직한 중저음의 목소리, 그리고 높은 사회적 지위와 카리스마. 그런 것들을 갖춘 남자에게는 모든 게 너무나 쉬울 것이다. 하지만 대부분의 남자들은 그렇지 못하다. 그러니 잘해주기라도 해야 한다. 그러면 살아남을 수 있다. 어떻게든 꾸역꾸역 여자를 만날 수 있다. 일주일 만에 차일 수도 있고, 크리스마스나 화이트데이에 비싼 선물만 사주고 버려질 수도 있지만 그 와중에도 경험은 쌓인다. 그러다 보면 다음번에는 조금이라도 더 잘할 수 있다. 언젠가는 꿈에 그리던 20대 초중반에 D컵 가슴을 가진 쭉쭉빵빵한 여자를 만나게 될지 모를 일이다. 하지만 잘해주기라도 하지 않으면 그걸로 끝이다. 착하기라도 하지 않으면 여자의 입장에서는 키도 작고 얼굴도 못생기고 가진 것도 없는 우리를 만나줄 이유가 없다. 결국 연애 경험을 쌓을 수도 없고 평생 모솔을 벗어날 수도 없다.

그러니 연애 유튜브를 끊어라. 연애 강의도 듣지 마라. 대신 아버지나 친형, 우리보다 빨리 장가를 가서 결혼 생활을 하고 있는 주변 친구들에게 조언을 구해라. 알파 메일이 어쩌고 여자의 하이퍼가미 본능이 어쩌고 하는 사람은 하나도 없을 것이다. 다들 잘해줘라, 배려해 줘라, 억울하고 귀찮고 짜증나도 그냥 남자인 네가 한 번 더 참고 손해 봐라, 라고 할 것이다. 그게 제일 기본이다. 그것조차 하지 못하면서 여자에게 밀당을 걸고 프레임 싸움을 하겠다는 건 구구단도 못 외우면서 미적분을 풀겠다는 말과 같다.

물론 쉽지 않을 것이다. 대부분의 여자들은 당신들의 진가를 알아주지 않을 것이다. 아무리 돈과 시간을 쓰고 진심을 다해도 매번 거절만 당할 것이다. 속상할 것이다. 그래서 마음 다치지 않고 쉽게 연애를 할 수 있는 방법을 찾게 될 것이다. 유튜브에 연애 잘하는 법, 여자와 밀당하는 법, 알파 메일이 되는 법을 검색하게 될 것이다. 이십 대 초반의 피팅 모델이나 승무원, 아나운서를 만난다는 그 남자들을 부러워하게 될 것이다.

하지만 그걸 백날 보고 따라 해 봤자 아무 소용 없을 것이다. 받아들여라. 알파 메일은 결과가 아니라 원인이다. 여자에게 밀당과 프레임 싸움을 걸어서 알파 메일이 되는 게 아니라 알파 메일이니까 그런 짓을 할 수 있는 것이다. 못생기고 키 작고 돈 없는 남자가 카톡 답장을 조금 늦게 한다고 '이 남자 뭐지? 주변에 여자가 너무 많아서 나같이 평범한 여자에게는 눈도 깜짝하지 않는 건가?' 할 여자는 없다. 연애 문제에 한해서는 여자들은 우리 머리 꼭대기 위에 논다.

그러니 복잡하게 생각하지 마라. 미련해져라. 거절에 익숙해져라. 상처받지도, 스스로의 가치를 의심하지도 말아라. 더 쉽고 빠른 길이 있을 거라는 기대도 접어라. 원래 여자는 우리한테 관심이 없다. 관심이 있는 게 이상한 거다. 그 이상한 여자를 하나라도 건질 때까지 무한정 랜덤 뽑기를 하는 게 우리 같은 하급 남자들이 짝짓기를 할 수 있는 유일한 방법이다.

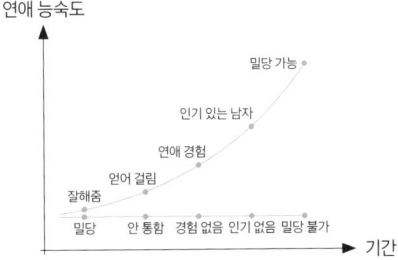

## 2

## 돈은 네가 내라, 원래 목마른 놈이 우물을 파는 거다

    페미니즘은 옳은가? 아니면 그른가? 이 질문에 답할 수 있는 사람은 없다. 세상 누구도 남자인 동시에 여자일 수 없기 때문이다. 페미니즘을 둘러싼 논쟁의 핵심은 결국 누가 사회적 약자냐는 것이다. 페미니스트들은 여성이 사회적 약자라고 주장한다. 남자들이 갖고 있던 기득권을 빼앗아서 사회적 약자인 여성에게 나누어 주어야 정의롭고 공정한 사회가 만들어진다고 주장한다. 그래서 그녀들은 남녀 임금 격차와 유리 천장, 성범죄, 가부장제를 말한다. 한편 안티 페미니스트들은 여성이 사회적 약자가 아니라고 말한다. 오히려 남성들이 역차별을 당하고 있다고 주장한다. 그래서 그들은 군가산점제 부활, 무고죄 처벌 강화, 성매매와 포르노 합법화를 말한다. 하지만 둘 중 누가 옳은지는 아무도 모른다. 세상에 어떤 사람도 남자의 삶과 여자의 삶을 둘 다 경험해 볼 수는 없기에 누가 약자인지도, 누가 가진 것을 빼앗아서 누구에게 나누어줘야 할지도 알 수 없다.

하지만 한 가지는 확실히 말할 수 있다. 페미니즘은 남자의 연애에 해롭다. 페미니스트들은 주체적인 여성상을 말한다. 여자도 경찰이나 소방관, 군인이 될 수 있고, 국회의원이나 대기업 임원도 될 수 있다고 주장한다. 하지만 우리가 연애 시장에서 실제로 마주치는 대부분의 여자들은 전혀 주체적이지 않다. 남자가 태워주는 차를 타고 남자가 사주는 맛있는 음식을 먹고 남자에게 정신적으로 의존하려 한다. 하지만 페미니스트들은 이에 대해 아무런 문제를 제기하지 않는다. 페미니스트조차도 자기 애인 앞에서는 똑같이 행동한다. 그래서 대부분의 남자들은 페미니스트들을 혐오한다. 하지만 그럴 필요 없다. 남녀 관계는 원래 그런 거다. 목마른 놈이 우물을 파는 거다. 남자는 여자보다 성욕이 강하기에, 남자가 여자를 원하는 만큼 여자는 남자를 원하지 않기에 남자는 더 많은 돈과 시간과 에너지를 쓰는 수밖에 없다. 그게 싫으면? 연애를 안 하면 된다. 애매한 여자를 만나느니 고양이랑 놀긴 택하면 된다. 여자들이 그렇게 하듯이 말이다. 하지만 우리는 절대로 그렇게 하지 못할 것이다. 우린 애초에 그렇게 만들어진 족속들이기 때문이다.

그걸 부정하면 연애가 힘들어진다. 남자의 연애는 늘 힘들다. 먼저 용기를 내서 여자에게 다가가되 부담을 주어선 안 된다. 여자를 편안하게 해주되 친구처럼 느끼게 해선 안 된다. 여자에게 확신과 안정감을 주되 때로는 긴장감을 불어넣어 줄 줄도 알아야 한다. 다정다감하고 세심하되 때로는 대범하고 마초적이어야 한다. 그렇게 하고도 매번 거절당하고 자존감에 상처를 입어야 한다. 그러니까 남자는 단순해야 한다. 복잡한 생각을 하지 말아야 한다. 무엇이 옳고 그른지, 무엇이 공정한 건지를 생각하기보다 순간의 본능에 충실해야 한다. 그리고 금방 잊어버려야 한다. 거절당한 것도 속상해 죽겠는데 한국의 연애 시장에서 남자들이 얼마나 불공정한 거래를 강요받고 있는지, 여자로 태어났다면 연애가 얼마나 쉬웠을지를 생각하면 억울해서 아무것도 못 한다.

가뜩이나 힘든 당신의 연애를 더 복잡하고 어렵게 만들지 말아라. 그냥 외워라. 원래 돈은 남자가 내는 거다. 원래 연락은 남자가 먼저 하는 거다. 남자는 원래 거절당하는 거다. 내 친구들도, 아버지와 형도, 과장님과 부장님도 다들 그렇게 했다. 원래 남자로 사는 건 그런 거다.

반대로 페미니스트들의 논리에 과도한 공감을 해줄 필요도 없다. 페미니스트들은 여자들에게도 성욕이 있다고 주장한다. 자기가 원하는 상대라면 여자들도 적극적으로 다가가서 표현할 수 있다고 한다. 그래서 이들은 남녀 관계에 대한 전통적 관념을 부정한다. '열 번 찍어 안 넘어가는 나무 없다.', '용기 있는 자가 미인을 얻는다.' 같은 옛말은 여자를 감정과 욕망이 없는 도구와 같이 취급하는 전근대적 인식의 산물이라고 한다. 여자들을 자신들의 손아귀에 가두어두기 위해, 여자들이 날개를 펼치고 자기의 가능성을 실현하는 걸 막기 위해 남자들이 수동적이고 조신한 여성상을 주입한 거라고 주장한다.

이런 논리는 모솔남들에게 위로가 된다. 자책형 모솔들은 여리고 순한 심성의 소유자들이다. 남에게 피해를 주는 것도, 자기가 상처를 받는 것도 그들에게는 너무나 두려운 일이다. 그래서 그들은 여자에게 다가가지 못한다. 고심하기만 한다. 혹여 내 마음이 누군가에게 부담이 되지 않을지, 내가 사랑이라 믿었던 게 사실은 단순한 소유욕이나 이기심이 아니었을지.

그래서 모솔남들은 때로 페미니즘에 귀의하기도 한다. 페미니즘을 공부하다 보면 수컷으로서 자신의 욕망에 충실하기보다 여자의 입장에서 느끼게 될 부담감을 먼저 걱정했던 자신이 대견해진다. 주변의 평범한 남자들보다, 과거의 나 자신보다 더 젠더 감수성이 풍부한 좋은 남자가 되었으니 여자들도 그 가치를 알아봐 줄 거라는 허황된 희망을 갖게 된다.

하지만 여자들은 그만큼의 업적을 남기지 못했다. 찬란히 빛나는 현대 문명을 만들어낸 건 9할 이상이 남자들이다. 왜

일까? 여자들이 무능해서? 지능이 낮고 끈기가 없어서? 틀렸다. 굳이 그렇게 할 동기가 없어서다. 왕이 되고, 글로벌 기업을 창설하고, 위대한 장군이 되어 전장을 호령하는 일. 멋있어 보인다. 당신이 페미니스트라면 이렇게 폼 나는 삶을 남자들끼리만 누리고 있다는 게 불합리해 보일 것이다. '어쩌면 남자들이 자기들의 기득권을 존속시키기 위한 그들만의 카르텔을 만들어서 여자들이 그들의 위치에 오르지 못하게 억압하고 있는 게 아닐까?' 하는 생각도 들 것이다. 하지만 그들이 놓치고 있는 중대한 사실이 있다. 세상엔 공짜가 없다는 점이다. 큰 영광에는 큰 위험이 따른다. 왕이 되려고 역성 혁명을 일으켰다가 실패하면 역적이 되어 가족 친지들까지 몰살을 당하고 사업을 하려다 실패하면 전 재산과 투자금을 날리고 길거리에 나앉을 수도 있다. 하지만 남자들에겐 그 위험을 감수할 충분한 동기가 있다. 아무것도 하지 않는 평범한 남자에게는 아무도 관심을 주지 않기 때문에 그들은 뭐라도 해야 한다. 전쟁터에서 빗발치는 화살에 맞아 고슴도치 같은 몰골로 죽건 방구석에서 아무것도 하지 않고 숨어 지내다 죽건 그들의 유전자를 후대로 전하지 못한다는 점에선 똑같다. 밑져야 본전이라는 말처럼, 어차피 남자들은 잃을 게 없다. 그래서 여자들보다 더 과감하다.

　하지만 여자들의 입장은 다르다. 여자들은 가만히 있어도 얼마든지 짝을 만날 수 있다. 남자들이 먼저 말을 걸고 관심을 표현해주니 자기 순번이 돌아오길 기다리기만 하면 된다. 그러니 굳이 그런 위험을 감수해 가면서까지 짝을 만나야 할 이유가 없다. 역사책에 나오는 위대한 인물들, 현대 사회를 이끌어 가는 정, 재계의 거물들의 대부분이 남자인 이유는 그것이다.

오늘날에도 마찬가지다. 남자들은 결혼 시장에서 여자들의 속물근성을 비판한다. 자기들은 2~3천만 원도 못 모았으면서 남자에게는 최소 억대, 크게는 서울 자가 아파트까지 요구하는 뻔뻔함에 혀를 내두른다. 그런데 입장 바꿔 생각해 봐라. 당신 같으면 2천만 원만 모아도 결혼할 수 있는데 굳이 먹고 싶은 거 안 먹고 입고 싶은 거 안 입어 가면서 몇억을 모으겠는가? 여자가 남자만큼 성욕이 강했다면 어련히 서울에 10억짜리 자가 아파트를 해오지 않았겠는가?

페미니스트들의 주장은 틀렸다. 여자는 성욕이 없다. 남자가 여자를 원하는 것의 10분의 1 만큼도 여자는 남자를 원하지 않는다. 여자가 먼저 연락을 하고 전화번호를 묻고 데이트 신청을 하는 일은 평범한 남자에겐 평생에 한 번 생길까 말까 한 일이다. 그러니 남자가 먼저 다가가야 한다. 여자가 먼저 나서서 마음을 표현해 주길 기다리는 게 여성의 성적 자기 결정권을 존중하는 거라고 생각한다면 당신은 평생 여자랑 말 한마디 섞어보지 못한 채 늙어 죽게 될 것이다.

  그러니 과감해져라. 그냥 하고 싶은 대로 다 해라. 상대방에게 혹여 부담을 주는 건 아닌지 하는 걱정은 내려놓아도 좋다. 당신들은 타고나길 생각이 많고 마음이 여린 사람들이다. 마음 놓고 깽판을 쳐보라고 해도 제대로 치지도 못할 사람들이다. 사람들은 당신들이 마음 놓고 깽판을 친 건지도 모를 것이다.

## 3

### 그냥 잘해줘라, 아버지도, 형도, 친구들도 다 그렇게 했다

여자들은 우리에게 진실을 말하지 않는다. 여자들은 착한 남자, 배울 점이 있는 남자, 티키타카가 잘 되는 남자가 좋다고 하지만 실상은 전혀 그렇지 않다. 여자들이 착한 남자가 좋다고 하는 건 자기가 좋아하는 남자가 자기한테 착하게 해줬으면 좋겠다는 뜻이지 착하게 대해주면 우리를 좋아해 주겠다는 뜻이 아니다. 배울 점이 있는 남자가 좋다고 하는 건 그냥 좋아하는 남자로부터 꾸역꾸역 배울 점을 찾아내겠다는 뜻이다. 티키타카가 잘 되는 남자가 좋다는 건 좋아하는 남자와는 어떻게든 티키타카를 맞춰주겠다는 뜻이다. 그녀들이 하는 말은 무의미한 동어반복일 뿐이다. "어떤 남자가 좋아요?"라는 질문에 "제가 좋아하는 남자요."라고 답한 거나 마찬가지다. 그러니 우리가 자기 계발을 열심히 하고 착하게 행동하고 여자와 티키타카를 맞추려 해봤자 별 소용이 없을 것이다. 그녀는 애초에 우리한테 관심이 없기 때문이다.

하지만 진실을 아는 게 꼭 삶에 도움이 되지는 않는다. 모르는 게 약인 것들도 있다. 어느 날 회사에 사장 아들이 신입 사원으로 들어왔다고 생각해 보자. 1년 만에 과장, 2년 만에 부장, 3년 만에 이사를 달았다고 생각해 보자. 억울할 것이다. 누구는 5년을 일해서 겨우 대리 나부랭이 달았는데 누군 3년 만에 이사가 됐다고? 누구는 천만 원짜리 중고 아반떼도 겨우 굴리는데 어린 놈의 자슥이 벤츠를 끌고 다닌다고? 부모 잘 만나서 쉽게 돈 벌고 쉽게 회사 생활하는 주제에 거들먹거리는 사장 아들이 못마땅할 것이다.

하지만 그렇다고 해서 우리가 할 수 있는 건 아무것도 없다. 사장 아들을 이사 자리에서 끌어내릴 수도, 사장 아들은 3년 만에 이사를 달았으니 5년 일한 나는 상무를 달아달라고 할 수도 없다. 로또에 당첨되거나 비트 코인이 올라서 하루아침에 수십억을 벌고 회사를 그만두는 일도 생기지 않을 것이다. 우리가 할 수 있는 건 그저 술자리에서 남몰래 사장 아들 욕을 하는 것뿐이다. 그럴 바에는 모르는 게 낫다. '어련히 능력이 있으니까 높은 자리에 올랐겠지.', '전생에 덕을 많이 쌓았으니 사장 아들로 태어난 거겠지.' 하는 게 차라리 낫다. 바꿀 수 없는 현실에 분노해 봐야 나만 스트레스받고 내 머리만 빠진다.

여자에 대한 진실도 그렇다. 알아봐야 별 도움이 안 된다. 매일 연락해서 안부를 물어주고 분위기 좋은 레스토랑에서 식사를 대접하고 비싼 선물을 사준다고 해서 여자의 마음이 바뀌진 않는다. 그건 사실이다. 그런데, 그래서 어쩌라는 말인가? 나를 먼저 좋아해 주는 여자를 만날 때까지 기다리기만 할 건가? 아니면 전신 성형이라도 할 건가?

결국 우리가 할 수 있는 건 잘해주는 것밖에 없다. 잘해주기라도 하면 1%라도 가능성이 생기지만 잘해주지도 않으면 가능성은 0%다. 그러니 그냥 여자들이 하는 말을 믿어라. 착하게 살다 보면 언젠가 여자들도 알아주겠지, 해라.

물론 성공률은 절망적일 것이다. 하지만 그 와중에도 하나쯤은 우리를 알아주는 여자가 있을 것이다. 바다코끼리는 한 마리의 수컷이 70마리의 암컷을 거느리지만, 인간 사회에서는 차은우도 나도 한 명의 아내밖에는 만날 수 없다. 그러니 우리에게도 언젠가는 순번이 돌아올 것이다. 20대도 아니고 쭉쭉빵빵하지도 않은 지극히 평범한 여자겠지만, 그 여자조차 우리를 진심으로 사랑하는 게 아닐 수도 있지만 어쩔 수 없다. 아버지와 형도, 친구들도 다들 그렇게 장가를 갔다. 원래 베타 메일의 삶은 이런 것이다. 그러니 그냥 살아라.

달콤한 꿈과 잔혹한 현실, 당신은 무엇을 택할 것인가? 한가지 말해 두자면, 현실을 택한 대가는 생각보다 무거울 것이다.

- 영화 <매트릭스>(1999)

Epilogue

# 그래도 인연은 있다

요즘 들어 재밌는 소일거리가 생겼다. 조카 사진을 보는 것이다. 가족 단톡방에 형이 생후 6개월 된 조카의 사진과 영상들을 올려주면 육십 대 중후반의 노부부와 내일 모레 마흔인 노총각 둘째 아들이 온갖 귀여운 이모티콘과 하트를 뿌려대며 즐거워한다. 일을 할 때, 밥을 먹을 때, 운동할 때, 심심할 때 조카 동영상을 하루에도 몇 번씩 돌려본다.

참 신기하다. 이게 뭐라고 이렇게 재밌는 걸까? 돈을 벌 줄도, 집안일을 할 줄도 모르는, 할 줄 아는 거라곤 울고 떼를 쓰고 똥오줌을 싸는 일밖에 없는 작고 연약한 인간이 짧고 뭉툭한 팔다리를 꼼지락거리며 알아들을 수 없는 외계어를 웅얼거리는 모습이 어떻게 이토록 아름답고 신비로워 보일 수 있는 걸까?

아이는 태고의 신비로움을 간직한 존재이기 때문인 것 같다. 우리의 삶을 지탱하는 대부분의 것들은 어딘가에서 배운 것들이다. 우리는 옆자리 과장님이 알려준 대로 일을 하고,

운전학원에서 배운 대로 운전을 하고, 어릴 적 부모님께 배운 언어로 글을 쓰고 대화를 한다. 그런데 저건 아무도 가르쳐준 적이 없다. 손가락을 입에 넣는 법, 머리를 들어 올리는 법, 누워 있던 몸을 뒤집어 엎드리는 법, 그리고 다시 돌아눕는 법. 엄마 아빠가 가르쳐주지도 않았고 유튜브에서 보지도 않은 저 동작은 도대체 어디서 배운 걸까?

사랑 참 어렵다. 아버지도 했고 형도 했고 친구들도 했고 옆자리 대리님 과장님도 했는데 우리만 못하고 있다. 이쯤 되면 우리한테 문제가 있는 건가 싶다. 내가 그렇게 못생겼나? 대화하는 방식에 문제가 있나? 몸에서 기분 나쁜 냄새가 나나? 그것도 아니라면, 혹시 운명인 걸까? 어쩌면 나는 이 세상에서 사랑받지 못할 저주받은 운명을 타고난 존재인 게 아닐까? 당신은 아마 이런 생각을 하고 있을 것이다.

그런데, 해보고 나면 이것보다 쉬운 게 없다. 소개팅이건 미팅이건 헌팅이건 동호회건 여기저기 열심히 기웃거리다 보면 어딘가에서 당신의 무지와 어설픔을 순수함으로, 자격지심과 상처들을 겸손함으로, 이해받지 못하던 당신의 독특한 취향과 관심사들을 개성으로 봐주는 사람이 하나 나타난다. 그때부터는 모든 게 일사천리다. 손도 잡고 키스도 하고 선물도 주고받고 싸우기도 하게 된다. 물론 섹스도 한다. 그러다 정신 차려보면 예식장이다. 잘생기거나 키가 클 필요도, 돈이 많을 필요도, 유재석이나 신동엽처럼 웃길 필요도 없다. 그렇다고 픽업 아티스트들이 말하는 것처럼 여자의 마음을 들었다 놨다 하는 심리 게임을 벌일 필요도 없다. 그냥 하던 대로 하면 된다. 지금 모습 그대로도 충분하다. 당첨률이 1%인 제비라도 100번을 뽑으면 한 번은 당첨이 나온다.

아버지나 형, 친구들과 당신의 차이는 이것밖에 없다. 그들이 당신보다 특별히 잘나서 연애와 결혼을 하는 게 아니다. 그들에게는 그 한 번의 우연이 터졌지만 당신에게는 아직 터지지 않았을 뿐이다. 당신도 할 수 있다. 인류의 역사는 사랑의 역사다. 어머니와 아버지가 사랑을 하지 않았다면 우리는 태어날 수 없었을 것이고, 할아버지와 할머니가 사랑을 하지 않았다면 어머니와 아버지가 태어나지 않았을 것이며, 증조할아버지와 증조할머니가 사랑을 하지 않았다면 할아버지 할머니도 세상에 나오지 못했을 것이다. 우리의 모든 조상들은 사랑을 했고 사랑을 하는 방법을 그들의 유전자에 실어서 다음 세대로 전수했다. 당신에게도 그 유전자가 남아 있다. 그러니 언젠가는 해낼 것이다. 어린 시절 당신이 처음으로 머리를 가누고, 몸을 뒤집고, 걸음마를 뗐던 것만큼이나 자연스럽게 말이다.

다만 한 가지 조건이 있다. 실천해야 한다. 1%인 제비라도 100번을 뽑으면 한 번은 당첨이 나오지만 100%인 제비라도 뽑지 않으면 말짱 꽝이다. 외모를 가꾸고 좋은 책을 읽고 운동을 하고 커리어를 쌓는 일. 다 좋다. 그런 것들은 당신이라는 제비의 당첨률을 높여줄 것이다. 그만큼 당신이 운명의 짝을 만나는 시점은 앞당겨질 것이다. 하지만 그게 핑계가 되어서는 안 된다. 살 좀 빼고 해야지, 직장이 좀 안정되면 해야지, 하다 보면 한도 끝도 없을 것이다. 애당초 삶에는 완성이란 게 없기에.

물론 연애를 시작한다고 끝이 아닐 것이다. 수십 년 동안 나와 다른 삶을 살아온 누군가를 온전히 받아들이는 일, 사소한 투정과 갈등에 대처하는 일, 일, 둘을 닮은 아이를 낳아 하나의 온전한 인격체로 길러내는 일, 다른 이성으로부터의 달콤한 유혹을 이겨내는 일, 그리고 함께 삶의 마지막 페이지를 맞이하는 일. 무엇 하나 쉬운 게 없을 것이다. 하지만 나중 일은 나중에 생각하기로 하자. 그렇게 해도 별다른 문제는 없을 것이다. 부모님도, 형도, 친구들도 다들 그렇게 했으니 말이다.